누구나 쉽게 시작하는 인공지능 첫걸음

— 헬로! 인공지능 —

생활·코딩
머신러닝

with 파이썬 텐서플로

실습편

누구나 쉽게 시작하는 인공지능 첫걸음   — 헬로! 인공지능 —

생활코딩 머신러닝

with 파이썬 텐서플로 실습편

지은이 이숙번, 이고잉

펴낸이 박찬규   기획 · 구성 위키북스 편집팀   디자인 북누리   표지디자인 Arowa & Arowana

펴낸곳 위키북스   전화 031-955-3658, 3659   팩스 031-955-3660

주소 경기도 파주시 문발로 115 세종출판벤처타운 311호

가격 24,000   페이지 320   책규격 175 x 235mm

초판 발행 2021년 12월 15일
ISBN 979-11-5839-299-4 (93000)

등록번호 제406-2006-000036호   등록일자 2006년 05월 19일
홈페이지 wikibook.co.kr   전자우편 wikibook@wikibook.co.kr

누구나 쉽게 시작하는 인공지능 첫걸음

헬로! 인공지능

생활▷코딩 머신러닝
with 파이썬 텐서플로

실습편

이숙번, 이고잉 지음

위키북스

책 사용 설명서

본문 내용을 시작하기에 앞서 이 책의 도서 홈페이지 및 동영상 수업에 대해 알아보겠습니다.

도서 홈페이지

이 책의 홈페이지 URL은 다음과 같습니다.

- **책 홈페이지**: https://wikibook.co.kr/tf

이 책을 읽는 과정에서 내용상 궁금한 점이나 잘못된 내용, 오탈자가 있다면 홈페이지 우측의 [도서 관련 문의]를 통해 문의해 주시면 빠른 시간 내에 안내해 드리겠습니다.

동영상 수업

생활코딩은 일반인에게 프로그래밍을 알려주는 것을 목적으로 하는 교육 활동으로, 이 책은 생활코딩에서 제공하는 수업 가운데 《Tensorflow 101》 수업과 《Tensorflow 102 – 이미지 분류(CNN)》 수업을 정리한 책입니다. 동영상 수업을 함께 살펴보면 도움이 될 것입니다.

- **Tensorflow 101 수업**: https://opentutorials.org/module/4966
- **Tensorflow 102 – 이미지 분류(CNN) 수업**: https://opentutorials.org/module/5268

책에서는 각 장별로 관련 유튜브 수업으로 연결되는 URL과 QR 코드를 제공합니다. QR 코드를 스캔하거나 웹 브라우저에서 URL을 입력해 강의 영상을 곧바로 확인할 수 있습니다.

동영상 강좌 주소 — 동영상 강좌로 이동하는 QR 코드

01 오리엔테이션 · https://youtu.be/auCw6qikSYs · 06분 03초

예제 파일

이 책의 예제 파일은 깃허브 저장소에서 관리됩니다. 아래 깃허브 저장소에서 예제 파일을 확인하고 내려받을 수 있습니다.

- **1부**: https://github.com/blackdew/tensorflow1
  《TensorFlow 101》 수업 및 이 책의 1부에서 이 저장소의 코드를 사용합니다.[1]

- **1, 2부 통합**: https://github.com/blackdew/ml-tensorflow
  《Tensorflow 102 – 이미지 분류(CNN)》 수업 및 이 책의 2부에서 이 저장소의 코드를 사용합니다.

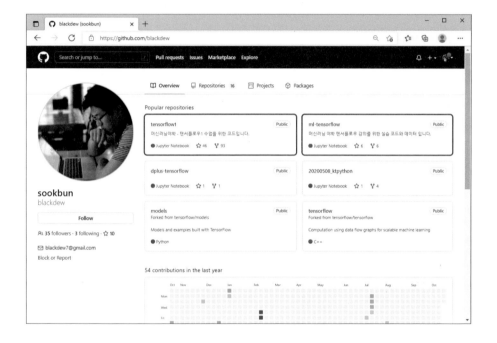

예제 파일 다운로드

이 책의 예제 파일을 다운로드하려면 다음과 같이 할 수 있습니다(윈도우 10 기준). 구글 코랩에서 실습한다면 이 과정을 건너뛰어도 됩니다(실습 방법은 1.4절에서 설명).

---

1 'ml-tensorflow' 저장소에 1, 2부 예제가 통합되어 있지만, 《TensorFlow 101》 수업 동영상 강의에서 'tensorflow1' 저장소의 코드를 사용하므로 책에서도 그에 따랐습니다.

01. 웹 브라우저로 깃허브 저장소에 접속해 우측 상단의 [Code]를 클릭한 후 [Download ZIP]을 클릭합니다.

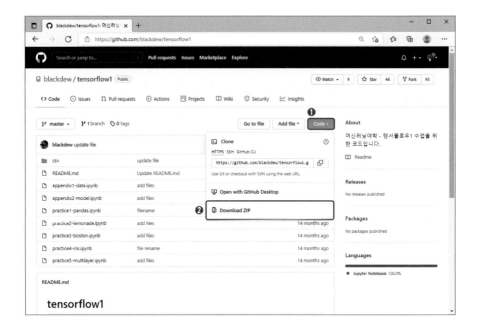

02. 다운로드할 폴더를 지정해 압축 파일(ZIP 파일)을 내려받습니다. 특별히 다운로드 폴더를 지정하지 않으면 '다운로드' 폴더에 내려받습니다.

03. 다운로드한 압축 파일(예: tensorflow1-master.zip)의 압축을 풉니다. 이때 압축 해제된 파일이 위치할 대상 폴더를 지정하거나 현재 디렉터리에 압축을 해제한 후 대상 폴더로 옮길 수 있습니다.

편집 서식

이 책에 사용된 서식은 다음과 같습니다.

볼드체: 본문에서 강조할 내용이나 용어, 프로그램 상의 메뉴명 등을 나타냅니다.

우리 두뇌에는 **뉴런**(neuron)이라고 하는 세포들이 촘촘하게 연결돼 있는데요, 뉴런들로 연결돼 있는 신경망을 인공적으로 만들었다는 의미에서 **인공 신경망**이라는 이름을 갖게 되었습니다.

본문 코드: 본문에서 코드, 파일명, 옵션 등과 관련된 사항을 표기합니다.

판다스에서는 print()와 함께 레모네이드.shape라고 적으면 레모네이드 데이터의 모양이 출력됩니다. 또, 보스턴.shape로 보스턴 데이터의 모양을, 아이리스.shape로 아이리스 데이터의 모양을 확인할 수 있습니다.

코드 블록: 코드 예제를 나타냅니다.

```
# 데이터 불러오기
파일경로 = 'lemonade.csv'
데이터 = pd.read_csv(파일경로)

# 독립변수와 종속변수 분리
독립 = 레모네이드[['온도']]
종속 = 레모네이드[['판매량']]

# 데이터 모양 확인
print(독립.shape, 종속.shape)
```

팁: 본문 내용과 관련해서 알아둘 만한 내용을 나타냅니다.

📑 **로컬 데이터를 코랩 노트북에서 사용하기**

지금까지는 파일을 읽어 들일 때 다음과 같은 코드로 웹에서 읽어 들였습니다.

03 / 첫 번째 딥러닝: 레모네이드 판매 예측

06 / 세 번째 딥러닝: 붓꽃 품종 분류

16 / 다섯 번째 딥러닝 3: MaxPool2D

17 / 다섯 번째 딥러닝 완성: LeNet

18 / 내 이미지 사용하기

19 / 2부 정리

01부

텐서플로
101

이 수업은 코드로 딥러닝을 구현해보는 딥러닝 기초 수업입니다.
텐서플로를 이용해 가장 간단한 형태의 딥러닝 모델을 작성합니다.
무엇을 넣을까가 아니라, 무엇을 뺄까를 고민하며 만들었습니다.

- **오픈 튜토리얼스 《텐서플로 101》 수업**: https://opentutorials.org/module/4966
- **깃허브 저장소**

  · https://github.com/blackdew/tensorflow1 (1부에서는 이 저장소를 기준으로 설명합니다.)

  · https://github.com/blackdew/ml-tensorflow (1, 2부 코드가 통합된 저장소입니다.)

01장

도입

머신러닝의 주요 용어를 알아보고 머신러닝을 어떻게 공부할지 생각해봅니다. 지도학습의 과정을 간단히 알아보고 실습 환경을 구성합니다.

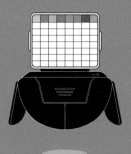

01 오리엔테이션

 https://youtu.be/auCw6qikSYs　　　🕐 06분 03초　

지금부터 텐서플로(TensorFlow)를 이용해 인공 신경망, 다른 말로는 딥러닝을 구현하는 수업을 시작하겠습니다.

선수 지식

이 수업을 듣는 데 필요한 지식은 다음과 같습니다.

- 파이썬(Python) 언어
- 머신러닝 이론

'머신러닝', '지도학습', '모델', '인과관계'와 같은 말의 의미가 무엇인지 모르신다면 오픈튜토리얼스의 머신러닝 입문 수업인《머신러닝 1》을 먼저 보신 후 이 수업에 참여하시기를 권합니다.[1]

머신러닝

기계를 학습시켜 인간의 판단 능력을 기계에 위임하는 기술이 **머신러닝**(machine learning)입니다. 머신러닝이라는 이름에는 실로 많은 기술이 포함돼 있습니다. 유명한 것들만 살펴보면 이렇습니다.

1　(엮은이)《머신러닝 1》수업은 https://opentutorials.org/module/4916에 있으며, 수업 내용을 책으로 엮은《생활코딩 머신러닝 이론편》(위키북스, 2021)도 있습니다.

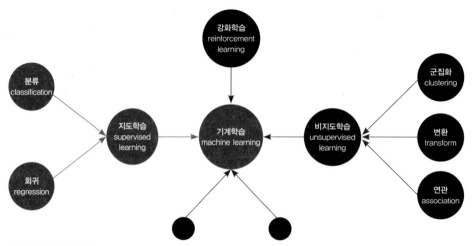

그림 1.1 머신러닝 지도

이 지도는 머신러닝으로 할 수 있는 여러 가지 일들을 보여줍니다. 우리가 텐서플로를 이용해서 해결하려고 하는 문제는 **지도학습**(supervised learning) 영역의 **회귀**(regression) 문제와 **분류**(classification) 문제입니다. 회귀는 숫자로 된 결과를 예측하는 것이고, 분류는 **범주**(category) 형태의 결과를 예측하는 것입니다.

회귀 regression	분류 classification
1	양성
2	음성

그림 1.2 회귀와 분류 문제

머신러닝 알고리즘

분류와 회귀 문제를 풀기 위해서 다양한 **머신러닝 알고리즘**이 쓰입니다. 유명한 알고리즘(algorithm)으로는 다음과 같은 것들이 있습니다.

- 결정 트리(decision tree)

- 랜덤 포레스트(random forest)

- k-최근접 이웃(KNN: k-nearest neighbors)

- 서포트 벡터 머신(SVM: support vector machine)

- 인공 신경망(artificial neural networks)

인공 신경망

이 책에서 다루는 알고리즘은 **인공 신경망**입니다. 인공 신경망은 사람의 뇌가 작동하는 방법을 모방해서 기계가 학습할 수 있도록 고안된 알고리즘입니다.

우리 두뇌에는 **뉴런**(neuron)이라고 하는 세포들이 촘촘하게 연결돼 있는데요, 뉴런들로 연결된 신경망을 인공적으로 만들었다는 의미에서 **인공 신경망**이라는 이름을 갖게 되었습니다.

그림 1.3 뉴런으로 이뤄진 신경망

딥러닝

지금은 인공 신경망보다 **딥러닝**(deep learning)이라는 이름이 더 유명한 것 같습니다. 인공 신경망을 깊게 쌓아서 만들었다는 표현으로 딥러닝이라는 단어를 쓰기 시작했고, 이 표현이 오늘날 널리 사용됩니다.

딥러닝, 뉴럴 넷, 인공 신경망, 이 이름들은 모두 인간의 신경을 모방한 이론을 가리키는, 같거나 비슷한 말입니다.

인공지능, 머신러닝, 딥러닝의 관계

사람들은 딥러닝이 매우 어려운 문제들을 아주 잘 해결할 수 있다는 사실을 발견하면서부터 딥러닝이라는 용어를 머신러닝을 대신하는 대표적인 용어로 사용하기 시작했고, 머신러닝도 인공지능을 대신하는 대표로써 사용되기 시작했습니다. 하지만 이런 표현들은 엄연히 다른 것입니다.

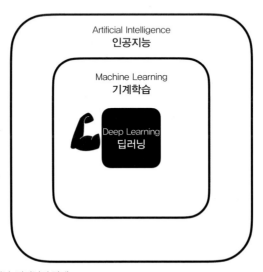

그림 1.4 인공지능, 머신러닝, 딥러닝의 관계

딥러닝 라이브러리

이 '딥러닝'이라는 이론을 공부해서 컴퓨터를 작동시키고 여러 가지 문제를 해결하는 것이 과연 쉬운 일일까요? 아닙니다. 불과 몇 년 전만 해도, 아무리 천재라고 해도 어떤 대기업이라도 할 수 없는 일들이 있었습니다. 그런 어마어마한 일들을 오늘날에는 딥러닝을 이용하여 해낼 수 있게 되었습니다.

그뿐만 아니라 구체적인 딥러닝의 원리를 몰라도 코드만 작성하면 딥러닝으로 문제를 해결할 수 있는 여러 도구가 등장했습니다. 코딩의 세계에서는 이런 도구들을 라이브러리라고 부릅니다.

딥러닝 이론을 프로그래밍 코드로 작성하는 것을 돕는 라이브러리로는 텐서플로, 파이토치, 카페, 테아노 등이 있습니다. 이 라이브러리들은 모두 같은 목적으로 고안된 것으로, 서로 경쟁 관계에 있습니다.

그림 1.5 여러 가지 딥러닝 라이브러리

이 책에서는 텐서플로 라이브러리를 사용해서 딥러닝으로 여러 가지 문제를 해결합니다. 직접 코딩하려면 수만 줄의 코드가 필요한 일을 텐서플로를 이용하면 몇 줄의 코드로 처리할 수 있습니다.

그림 1.6 텐서플로 로고

정리

지금까지의 이야기를 정리해보겠습니다.

- **라이브러리**: 텐서플로의 경쟁자인 파이토치, 카페, 테아노 등은 딥러닝 알고리즘을 코드로 이용할 수 있게 해주는 라이브러리입니다.

- **알고리즘**: 딥러닝, 의사결정 트리, 랜덤 포레스트, KNN, SVM 등의 알고리즘이 있습니다.

- **지도학습**: 우리 수업에서 다루는 회귀와 분류 문제는 지도학습으로 해결할 수 있습니다.

- **머신러닝**: 지도학습, 비지도학습, 강화학습과 같은 기술들을 포괄하는 머신러닝은 오늘날 인공지능을 구현하는 가장 유명하고 유망한 분야라고 할 수 있습니다.

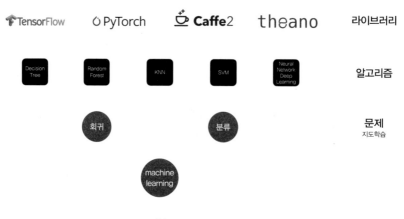

그림 1.7 라이브러리, 알고리즘, 지도학습, 머신러닝

이 개념을 파악하는 것만으로 여러분은 다른 사람과 소통할 수 있고 인공지능에 대한 여러 가지 정보들을 이해할 수 있게 되었습니다. 앞으로 배울 어떤 지식도 여러분을 이렇게 크게 바꿔놓지는 못할 것입니다. 설령 여러분이 이 영상만 보고 남은 수업은 미래로 유보했더라도 사실은 가장 경제적인 공부를 한 것이라는 점을 잊지 마세요.

그럼 지금부터 머신러닝이라는 슈퍼 파워를 구체적으로 배워봅시다.

준비됐나요? 출발하겠습니다.

이 수업은 딥러닝과 가볍게 만나는 것을 목표로 합니다. 여기서 몇 가지 간단한 딥러닝 코드와 만날 예정인데요. 그 코드들의 사용법을 알고 각자의 데이터로 놀아볼 수 있게 되는 수업을 지향합니다.

딥러닝 입문 강의의 높은 벽

딥러닝을 코드로 구현하는 방법을 제대로 익히는 건 쉬운 일은 아닙니다. 원리, 수학, 코딩, 데이터 등 습득해야 하는 선수 지식이 상당하기 때문입니다.

필자는 현장에서 다음과 같은 순서로 딥러닝 입문 강의를 여러 번 했습니다.

1. 파이썬 코딩의 기초를 배우고.

2. 데이터를 보는 법을 배우고.

3. 머신러닝을 이해하고.

4. 그리고 딥러닝의 원리를 배웁니다.

5. 이렇게 기반 지식을 하나하나 배우고 난 뒤에 드디어 딥러닝 코딩을 배우기 시작합니다.

이런 방법은 충분히 좋고, 우리의 교육 현장에서 많이 사용되고 있는 방법입니다. 그렇지만 이로 인해 딥러닝 입문 수업은 그 이름이 무색하게 난이도가 상당히 높은 과정이 됩니다. 딥러닝에 가볍게 입문해보려는 사람들에게는 높은 벽처럼 느껴질 수밖에 없습니다.

새로운 배움 전략

스마트폰은 매우 복잡한 도구입니다. 그런데 우리가 스마트폰을 사용할 때 스마트폰의 원리나 구현 방법을 공부하지는 않습니다. 이리저리 만져보고, 흔들어보고, 던져보고, 씨름해보고, 필요한 만큼 경험하면서 비로소 잘 쓸 수 있게 됩니다. 매우 복잡한 도구인 스마트폰을 사용하는 방법을 직접적인 경험을 통해 배워나가는데, 그 과정은 고통스럽지 않고 오히려 즐겁습니다.

딥러닝도 이렇게 자연스럽게 배울 수 있을 것 같았습니다. 이러한 고민 끝에 이 수업에서는 다음과 같은 새로운 전략을 시도하기로 했습니다.

1. 원인이 되는 간단한 코드를 작성하며 경험하고 결과로써 코드의 동작과 학습 과정을 구현합니다. 그리고 해당 코드를 어떻게 이용하면 좋을지 추측해봅니다.
2. 원인이 되는 또 다른 형태의 코드를 작성하고 결과를 구경합니다.

그렇게 몇 가지 코드를 작성하고 결과를 반복하여 구경하면서 딥러닝을 구현하는 시간을 가질 것입니다. 그 과정에서 코드와 알고리즘의 동작에 익숙해지는 것이죠.

혹시 이 전략이 익숙하게 느껴지진 않으신가요? 원인과 결과를 기계에 보여주고 기계가 그 사이의 관계를 스스로 학습하게 하는, 그리고 지금 딥러닝으로 구현해보려 하는 지도학습의 방법과 같습니다.

이 지도학습은 사실 무언가를 배우기 위해 사람들이 아주 익숙하게 사용하는 방법입니다. 그 방법을 기계에 알려준 것에 불과하죠.

그림 1.8 지도학습은 사람이 아주 익숙하게 사용하는 방법입니다

물론 코드로 구현하는 수업이다 보니 원리와 수학, 코딩을 완전히 배제할 수 없다는 한계가 있습니다.

다만 배움을 위해 딱 필요한 만큼만 최대한 경제적으로 알려드릴 생각입니다.

혹시라도 설명이 부족하여 정확히 이해가 되지 않은 부분이 있더라도 수업의 진도를 멈추지는 마세요. 그 정확한 원리의 이해가 바탕이 되지 않더라도 결과에 반복하여 노출되고 익숙해지다 보면 그 원리와 개념을 스스로 깨우쳐 가는 자신을 발견할 수 있을 겁니다.

끝까지 걸어가 봅시다! 여러분을 열심히 응원하겠습니다.

지도학습의 빅 픽처

지금부터 지도학습을 하는 과정을 정리해봅시다. 이 과정이 머릿속에 있다면 어떤 언어나 도구를 사용하더라도 당황하지 않을 것입니다. 이 과정이 머릿속에 없다면 도구가 조금만 달라져도 여러분은 다시 배워야 할 것입니다. 머릿속에 이 과정이 없으면 이해가 잘 되지 않고 쉽게 잊어버리는 것이 당연합니다.

#1 과거의 데이터를 준비합니다

지도학습을 하려면 우선 과거의 데이터가 있어야 합니다.

여러분이 레모네이드 카페를 운영한다고 상상해봅시다. 우리가 장사를 하면서 정리한 데이터는 이렇게 생겼습니다.

표 1.1 온도와 판매량

온도	판매량
20	40
21	42
22	44
23	46

여러분에게는 고민이 있습니다. 레몬을 많이 준비하면 버려야 하고 적게 준비하면 손님을 놓치게 됩니다.

지금 여러분의 꿈은 판매량을 예측하는 것입니다. 가만히 표를 보고 있던 여러분은 온도에 따라서 판매량이 달라진다는 것을 눈치챘습니다. 즉 온도와 판매량 사이에 관계가 있다는 사실을 알아낸 것이죠. 지도학습에서 가장 중요한 순간입니다.

과거의 데이터에서 원인과 결과를 인식하는 데 성공한다면 나머지 복잡한 작업은 머신러닝이 알아서 해줄 겁니다. 데이터 과학과 머신러닝의 분야에서는 이런 원인을 **독립변수**, 결과를 **종속변수**라고 부릅니다.

원인 독립변수	결과 종속변수
온도	판매량
20	40
21	42
22	44
23	46

\# 1.과거의 데이터를 준비합니다.

그림 1.9 과거의 데이터를 준비

#2 모델의 구조를 만듭니다

온도를 알려주면 판매량을 예측해주는 기계를 만들어 봅시다. 이런 기계를 머신러닝에서는 **모델**이라고 합니다.

우선 해야 할 일은 모델의 구조를 만드는 것입니다. 독립변수도 하나이고 종속변수도 하나인 데이터를 가지고 있으므로 다음 그림처럼 생긴 모델을 만들면 되겠군요.

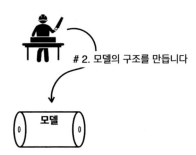

\# 2. 모델의 구조를 만듭니다

모델

그림 1.10 모델의 구조를 만들기

독립변수가 3개, 종속변수가 2개인 모델의 구조를 다음 그림과 같이 나타낼 수 있습니다.

모델

그림 1.11 독립변수가 3개, 종속변수가 2일 때의 모델

#3 데이터로 모델을 학습합니다

데이터를 준비했고 모델의 모양을 만들었으면 이제 모델을 데이터에 딱 맞도록 해야 합니다. 이런 과정을 **핏(fit)**한다고 합니다. 옷이 잘 어울릴 때 핏이 좋다고 하죠. 옷을 입어보는 곳을 피팅 룸이라고도 합니다. 모델을 데이터에 맞게 피팅(fitting)하는 겁니다. 다른 말로는 '학습한다'고 합니다.

이 과정을 통해서 컴퓨터는 온도에 2를 곱하면 판매량이 된다는 사실을 알아냈습니다.

이제 모델이 완성됐네요.

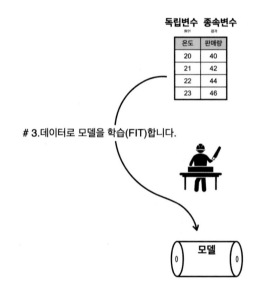

그림 1.12 모델을 학습

#4 모델을 이용합니다

이제 모델을 그냥 이용하면 됩니다.

여러분은 일기예보를 보고 내일의 온도가 15도라는 것을 알아냈습니다. 이것을 모델에게 입력하면 온도 15 × 2를 해서 판매량을 30개로 예측합니다. 그리고 그 결과를 우리에게 알려주죠. 그럼 여러분은 레모네이드 30개 분량의 레몬을 준비하면 되고, 이제 우리는 행복해졌습니다.

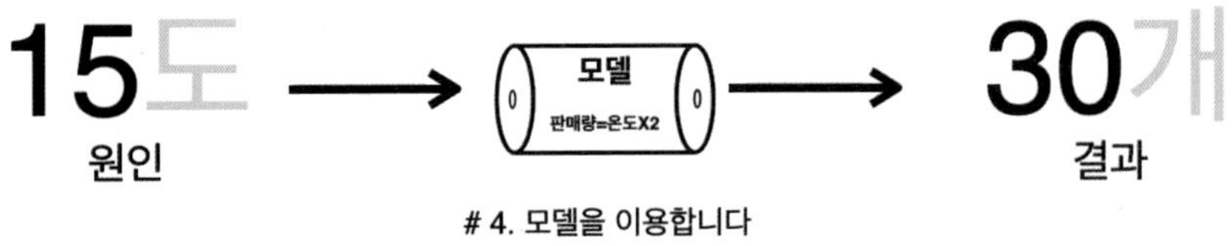

15도 → 모델 (판매량=온도X2) → **30개**

원인 　　　　　　　　　　　　　결과

4. 모델을 이용합니다

그림 1.13 모델을 이용

정리

이 과정을 다시 떠올려 봅시다.

1. 과거의 데이터를 준비합니다.
2. 모델의 구조를 만듭니다.
3. 데이터로 모델을 학습시킵니다.
4. 모델을 이용합니다.

익숙해질 때까지 계속 반복해서 따라 해보세요. 이것이 확실하다면 우리 수업은 어려울 것이 하나도 없습니다.

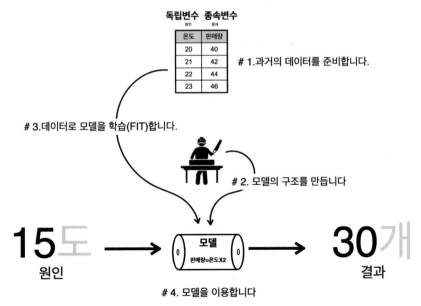

그림 1.14 지도학습의 과정

이제 그림 없이 문장들만 봐도 그 의미가 떠오르는 상태가 되셨나요? 안 떠오른다면 조금만 더 이 자리에 머물러 있자고요.

오늘 하루는 이 과정이 익숙해지는 것만으로도 역사적인 하루가 될 것입니다. 수고하셨습니다.

04 실습 환경: 구글 코랩

이 책에서는 구글의 콜라보레이터리(Colaboratory, 이하 '코랩')라는 서비스를 이용합니다. 코랩 환경을 이미 알고 계신다면 바로 2장으로 건너뛰어도 됩니다. 코랩이 뭔지 모르시는 분은 함께 실습할 환경을 준비해보겠습니다.

구글 코랩 소개

데이터 과학과 머신러닝에 사용되는 도구로서 가장 유명한 도구는 주피터 노트북(jupyter notebook)이 있습니다. 노트북이라고 불리는 파일을 웹 브라우저로 실행하여 쉽게 프로그래밍을 해볼 수 있는 환경을 제공하는 도구입니다. 데이터를 다루는 일을 하는 사람들에게 큰 인기가 있습니다. 주피터 노트북을 여러분이 직접 자신의 컴퓨터에 설치할 수도 있고, 온라인 서비스를 통해 이용할 수도 있습니다.

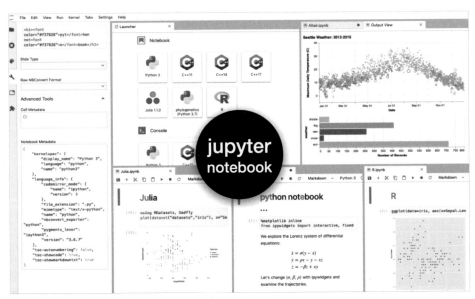

그림 1.15 주피터 노트북

코랩 노트북은 주피터 노트북과 같은 역할을 하는 도구로, 구글 드라이브에서 사용할 수 있도록 구글에서 만든 서비스입니다.

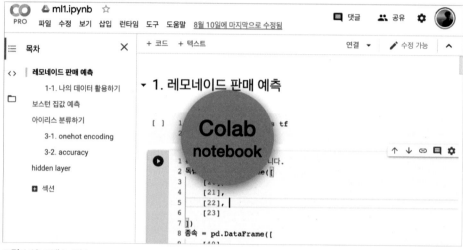

그림 1.16 코랩 노트북

코랩 실습 환경 준비

구글 드라이브(https://drive.google.com)에 접속해 **새로 만들기** 버튼을 누른 다음 **더보기** → **연결할 앱 더보기**를 선택합니다.

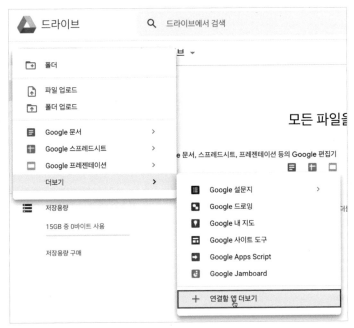

그림 1.17 구글 드라이브의 '연결할 앱 더보기' 메뉴

그러면 앱을 검색할 수 있는 화면이 나타납니다. 여기에 'Colaboratory'라고 입력해 검색하면
검색 결과가 나타납니다.

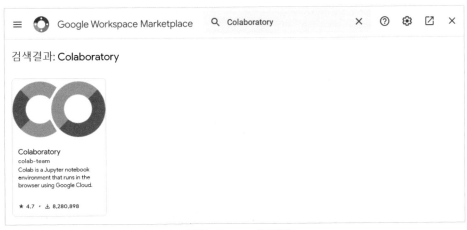

그림 1.18 Google Workspace Marketplace에서 'Colaboratory'를 검색

검색 결과에서 Colaboratory를 클릭하면 코랩을 설치할 수 있는 화면이 열립니다. **설치**를 눌러 코랩 설치를 진행합니다.

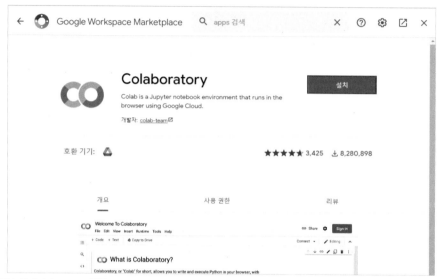

그림 1.19 Colaboratory 설치

그림 1.20 Colaboratory 서비스 약관 및 개인정보처리방침 동의

설치가 되면 이렇게 설치가 되었다는 표시가 나옵니다.

그림 1.21 Colaboratory 설치 완료

코랩 노트북 사용해보기

구글 드라이브에서 **새로 만들기** 버튼을 누르면 **더보기**에 Google Colaboratory 메뉴가 추가되어 있을 것입니다.

그림 1.22 구글 드라이브에서 Colaboratory 노트북 만들기

이 메뉴를 선택하면 구글 드라이브에 코랩 노트북 파일이 하나 생성되고 노트북 환경으로 진입할 수 있습니다.

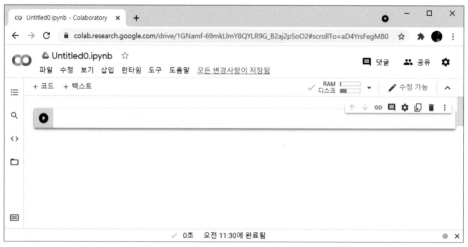

그림 1.23 코랩 노트북 화면

바로 보이는 커서가 깜박이는 곳을 셀(cell)이라고 합니다. 코드를 작성해 보겠습니다. 코드를 작성한 다음 왼쪽의 실행 버튼(▶)을 누르면 코드가 실행되고 결과가 아래에 나타납니다.

그림 1.24 셀에 코드를 작성하고 실행

셀을 여러 개 추가할 수 있습니다. 마우스 포인터를 셀 위쪽이나 아래쪽 가운데에 갖다 놓으면 코드 셀을 추가하는 버튼이 나타납니다. 또는 상단 메뉴 바로 아래 왼쪽의 + 코드를 클릭해 코드 셀을 추가할 수도 있습니다.

그림 1.25 코드 셀을 추가

코드 셀을 추가해서 코드를 더 작성해보겠습니다.

```python
text = 'hello, python'
print(text)
```

실행 결과

```
hello, python
```

실행 버튼을 눌러도 되지만, Ctrl+Enter 혹은 Shift+Enter를 눌러 실행할 수도 있습니다.

- Ctrl+Enter를 누르면 실행한 후에도 셀 안에 머물러 있으므로 같은 셀을 반복해서 실행할 수 있습니다.
- Shift+Enter를 치면 셀을 실행하고 다음 셀로 넘어갑니다. 그래서 순차적으로 셀의 코드를 실행시키면 서 진행할 때 사용하면 됩니다.

이렇게 실행이 잘되었으면 실습할 준비가 끝난 것입니다. 노트북 환경이 처음인 분들은 아직 익숙하지 않겠지만, 계속 수업을 이곳에서 할 것이므로 반복해서 이용하다 보면 자연스럽게 익숙해질 것입니다.

소스 코드

실습을 하다 보면 여러 문제가 있을 수 있는데, 그럴 때는 아래 주소에 들어오시면 코드를 비롯해서 수업에 필요한 여러 정보를 찾을 수 있습니다.

- http://opentutorials.org/module/4966

소스 코드가 보이고, 그 위쪽에는 colab과 backend.ai의 링크가 있습니다. colab 링크를 클릭하면 소스 코드를 탑재한 상태로 구글 코랩 서비스가 열리며, 그곳에서 바로 코드를 실행해 실습할 수 있습니다.[2]

그림 1.26 소스 코드 실습 링크(colab과 backend.ai)

준비가 되었으면 첫 번째 코드 실습을 해볼까요?

---

2   (엮은이) 각 실습이 있는 절의 시작 부분에 해당 코드를 코랩에서 실행할 수 있는 단축 URL을 넣었습니다.

02장

표를 다루는 도구
'판다스'

머신러닝에 사용하는 데이터를 다룰 때
유용한 도구인 판다스를 알아봅니다.

머신러닝의 지도학습 과정 중에서 첫 번째 단계는 과거의 데이터를 준비하는 것이었습니다. 데이터가 있어야 분석을 할 수 있으니까요.

그런데 우리가 가진 데이터는 대부분 파일의 형태로 돼 있습니다. 파일에 들어있는 데이터를 사용하려면 프로그램으로 읽어들이는 과정이 필요합니다. 딥러닝 수업을 시작하기 전에 먼저 이에 해당하는 코드들을 학습하고 실습해보겠습니다.

'변수'의 의미

우선 '변수'라는 용어부터 짚고 넘어가겠습니다.

X = 1이라고 표시하면 이제부터 X는 1입니다.

```
X = 1
```

X = 2라고 표시하면 그때부터 X는 2가 됩니다.

```
X = 2
```

X의 값은 달라질 수 있습니다. 그래서 이런 X를 **변수**(variable)라고 합니다. 프로그래밍을 할 때도 변수라는 용어를 사용합니다.

다음은 프로그램을 작성한 예시인데요, 등호 왼쪽에 있는 것들을 변수라고 합니다. 앞에서 X를 표현한 변수와 모양이 같습니다.

```
# 데이터 불러오기
파일경로 = 'lemonade.csv'
데이터 = pd.read_csv(파일경로)
```

```
파일경로 = 'boston.csv'
데이터 = pd.read_csv(파일경로)

파일경로 = 'iris.csv'
데이터 = pd.read_csv(파일경로)
```

파일경로 변수에 파일의 이름을 담고, 파일을 읽어들인 후, 읽어들인 데이터를 **데이터**라는 변수에 담았습니다. 프로그램의 관점에서 변수는 '데이터를 담고 있다'는 의미가 포함돼 있습니다.

이번에는 표의 관점에서 변수를 확인해보겠습니다. 다음 표에서 온도 값은 20, 21, 22로 달라지는데, 이런 이유로 표에서 칼럼을 '변수'라고 합니다. 이렇게 표에서의 변수는 '관측치가 변한다'는 의미가 있습니다.

표 2.1 온도와 판매량

날짜	요일	온도	판매량
2020.1.3	금	20	40
2020.1.4	토	21	42
2020.1.5	일	22	44

프로그래밍의 관점과 데이터의 관점에서 '변수'라는 용어를 공통으로 사용하지만, 그 사이에는 미묘한 차이가 있다는 것을 이해하셔야 합니다. 대부분 문서에서 변수라는 단어를 혼용하는데, 변수를 데이터의 측면에서 사용한 것인지 프로그램의 관점에서 사용한 것인지 맥락을 알아야 이해할 수 있기 때문입니다.

표를 조금 더 자세히 들여다보면 온도와 판매량은 밀접한 관계가 있는 것이 보입니다. 온도가 20도일 때 40잔이 팔렸고, 21도일 때는 42잔이 팔렸습니다. 원인은 온도, 그리고 결과는 판매량입니다. 이렇게 원인이 되는 변수를 **독립변수**, 결과가 되는 변수를 **종속변수**라고 합니다.

하나의 표 안에는 독립변수와 종속변수가 함께 표현되어 있는데, 지도학습은 이 두 가지를 구분하는 데서 시작합니다. 프로그래밍을 이용하여 지도학습을 할 때도 마찬가지로 독립변수와 종속변수를 분리하는 작업이 필요합니다.

다음은 데이터로부터 독립변수인 온도를 떼어서 **독립**이라는 변수에 담고, 종속변수인 판매량을 떼어서 **종속**이라는 변수에 담는 코드입니다.

```
# 데이터 불러오기
파일경로 = 'lemonade.csv'
데이터 = pd.read_csv(파일경로)

# 독립변수와 종속변수 분리
독립 = 레모네이드[['온도']]
종속 = 레모네이드[['판매량']]

# 데이터 모양 확인
print(독립.shape, 종속.shape)
```

판다스

우리가 이렇게 쉽게 표를 불러와서 분리할 수 있는 것은 표를 다루는 환상적인 판다스(pandas) 라이브러리 덕분입니다.

판다스를 사용하려면 가장 윗부분에 다음과 같은 코드를 추가합니다. 이 코드를 실행한 뒤부터는 지금까지 배웠던 대로 데이터를 불러오고 분리하는 코드를 사용할 수 있게 됩니다.

```
import pandas as pd
```

참고로 판다스는 텐서플로와는 무관한 도구이지만, 실습에서 사용하므로 미리 언급했습니다.

실습 데이터

이 수업에서는 다음 세 가지 데이터를 사용합니다.

- 레모네이드 판매 예측을 위한 데이터: lemonade.csv

- 보스턴 집값 예측을 위한 데이터: boston.csv

- 붓꽃(iris) 품종 분류를 위한 데이터: iris.csv

해당 데이터는 아래 주소의 깃허브에 올려 두었습니다. 이 데이터들을 읽어들여서 독립변수와 종속변수로 분리하는 코드를 먼저 실습해 보겠습니다.

- https://github.com/blackdew/tensorflow1/tree/master/csv
  (단축 주소: https://bit.ly/2PCYMuW 또는 https://bit.ly/tf101csv)

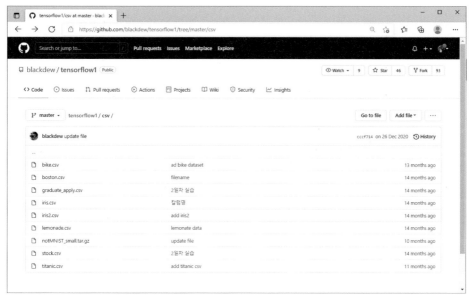

그림 2.1 데이터 파일이 있는 폴더(폴더명: csv)

02 판다스 실습

▶ https://youtu.be/spww4gG88Zc
실습(코랩) https://bit.ly/tf101-p1
⏱ 10분 47초

판다스 라이브러리로 표를 다루는 실습을 해보겠습니다.

판다스 라이브러리는 표를 다루는 데 유용한 기능들을 제공해주는 라이브러리입니다. 판다스를 사용하면 표의 형태로 돼 있는 데이터를 쉽게 다룰 수 있습니다.

이번 실습에서 배울 것은 다음 5가지입니다.

- **파일 읽어오기**: 우리가 가진 데이터들은 보통 파일 형태로 돼 있으므로 파일에서 직접 데이터를 읽어 들입니다.
- **모양 확인하기**: 읽어들인 데이터의 모양을 확인합니다.
- **칼럼 선택하기**: 데이터에는 종속변수와 독립변수가 같이 들어있습니다. 그래서 학습을 시키기 위해 종속변수와 독립변수를 분리해서 따로 준비합니다.
- **칼럼 이름 출력하기**: 칼럼을 선택하려면 칼럼 이름을 사용하는데, 칼럼 이름을 일일이 입력하거나 칼럼에 무엇이 있는지 다시 파일로 가서 확인하려면 번거롭습니다. 그래서 칼럼들의 이름을 화면에 출력해주는 도구를 사용합니다. 화면에 출력된 칼럼 이름 중 독립변수에 해당하는 칼럼들을 선택해서 붙여넣으면 오타도 줄일 수 있고 효율적으로 작업할 수 있습니다.
- **맨 위 5개 관측치 출력하기**: 데이터가 어떤 모양으로 들어있는지 확인합니다.

실습 코드와 데이터

실습에 사용할 코드는 다음 주소에 있습니다.

- **코드(노트북)**
  깃허브: https://github.com/blackdew/tensorflow1/blob/master/practice1-pandas.ipynb

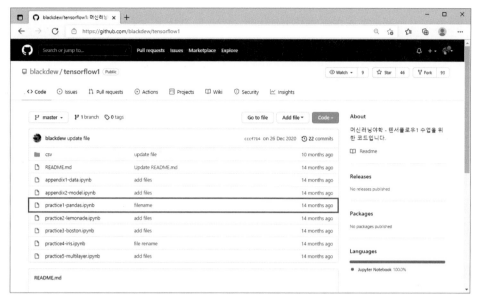

그림 2.2 깃허브 저장소에서 예제 코드 찾기

실습에 사용할 데이터는 다음과 같습니다.

- **레모네이드**

  https://raw.githubusercontent.com/blackdew/tensorflow1/master/csv/lemonade.csv

- **보스턴**

  https://raw.githubusercontent.com/blackdew/tensorflow1/master/csv/boston.csv

- **아이리스**

  https://raw.githubusercontent.com/blackdew/tensorflow1/master/csv/iris.csv

파일 확장자가 csv로 되어 있는데, 이것은 콤마(,)를 이용해서 칼럼들을 구분한 데이터입니다. 엑셀과 같이 표를 보여주는 프로그램에서 csv 파일을 읽어 들이면 테이블 형태로 표시됩니다.

이 파일들은 깃허브에 올려져 있으므로 웹브라우저로 깃허브에 들어가서 각 파일이 어떤 모양인지 직접 확인할 수 있습니다.

📋 데이터 파일 내용 및 URL 확인하는 법

깃허브 사이트에서는 CSV 파일을 다음 그림과 같이 표 형식으로 보여줍니다.

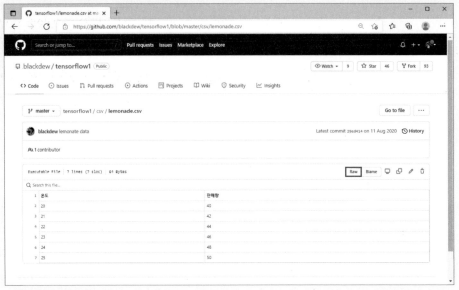

그림 2.3 레모네이드 데이터

표의 오른쪽 위에 있는 Raw 버튼을 클릭하면 CSV 파일의 원래 모습을 볼 수 있습니다. 이때 주소창에 표시된 URL을 복사한 뒤 코드에 붙여넣어 사용할 수 있습니다.

그림 2.4 CSV 파일 내용 및 URL 확인

판다스 라이브러리를 임포트

판다스를 사용하기 위해, 가장 먼저 판다스 라이브러리를 임포트(import)합니다.

```
import pandas as pd
```

파일로부터 데이터 읽어오기

그다음에 파일들로부터 실제로 데이터를 읽어 들여 보겠습니다. **파일경로**라는 변수에다가 각각의 경로를 넣어주고, `pd.read_csv`라는 도구를 통해서 레모네이드 파일을 읽어 옵니다.

```
파일경로 = 'https://raw.githubusercontent.com/blackdew/tensorflow1/master/csv/lemonade.csv'
레모네이드 = pd.read_csv(파일경로)
```

이 두 줄이면 csv로 된 모든 파일을 읽어들여서 이 프로그램에서 사용할 수 있는 형태로 변수에 담아줍니다. 이렇게 실행하면 **레모네이드** 변수에 표 형태의 레모네이드 데이터가 들어옵니다.

다른 파일들도 읽어 들여볼까요?

```
파일경로 = 'https://raw.githubusercontent.com/blackdew/tensorflow1/master/csv/boston.csv'
보스턴 = pd.read_csv(파일경로)
```

파일경로 변수에 보스턴 파일의 경로를 넣고 read_csv 함수에 알려주면, 판다스가 그 파일의 데이터를 읽어서 **보스턴** 변수에 담아줍니다.

마찬가지로 아이리스 데이터도 읽어 들입니다.

```
파일경로 = 'https://raw.githubusercontent.com/blackdew/tensorflow1/master/csv/iris.csv'
아이리스 = pd.read_csv(파일경로)
```

그런데 이 파일들이 잘 읽어졌는지 지금은 알 수가 없죠? 변수에 담겨 있을 때는 정말로 그 안에 데이터가 담겨 있는지 눈으로 볼 수가 없습니다.

데이터 모양 확인하기

그래서 이 변수를 사용하기 전에 변수에 어떤 데이터가 들어있는지 확인하는 과정이 필요합니다. 가장 쉽게 확인하는 방법은 모양으로 확인하는 겁니다.

판다스에서는 print()와 함께 레모네이드.shape라고 적으면 레모네이드 데이터의 모양이 출력됩니다. 또, 보스턴.shape로 보스턴 데이터의 모양을, 아이리스.shape로 아이리스 데이터의 모양을 확인할 수 있습니다.

코드를 실행하기 전에, 깃허브에 가서 이 모양들이 어떻게 생겼는지 눈으로 확인해볼까요?

아래 보스턴 데이터는 칼럼(column)이 14개, 로우(row)가 507개 있는데, 맨 위 첫 번째 로우는 칼럼명이므로 실제 관측치 데이터는 506개입니다.

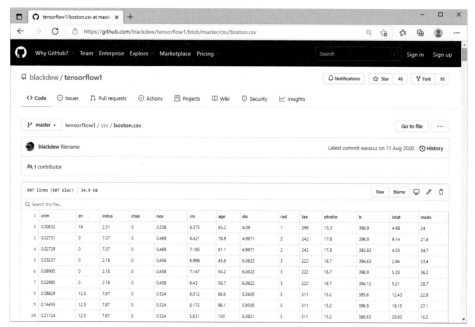

그림 2.5 보스턴 데이터

다른 데이터도 보겠습니다. 레모네이드 데이터가 제일 처음 있었죠. 레모네이드 데이터는 칼럼이 2개, 로우가 6개(7개 중 첫 번째는 칼럼명이므로 제외)로 단순합니다.

Executable File | 7 lines (7 sloc) | 64 Bytes

Search this file...

온도	판매량
20	40
21	42
22	44
23	46
24	48
25	50

그림 2.6 레모네이드 데이터

다음으로 아이리스는 행이 150개, 칼럼은 5개입니다.

Executable File | 151 lines (151 sloc) | 3.77 KB

Search this file...

꽃잎길이	꽃잎폭	꽃받침길이	꽃받침폭	품종
5.1	3.5	1.4	0.2	setosa
4.9	3.0	1.4	0.2	setosa
4.7	3.2	1.3	0.2	setosa
4.6	3.1	1.5	0.2	setosa
5.0	3.6	1.4	0.2	setosa
5.4	3.9	1.7	0.4	setosa
4.6	3.4	1.4	0.3	setosa
5.0	3.4	1.5	0.2	setosa
4.4	2.9	1.4	0.2	setosa

그림 2.7 아이리스 데이터

그럼 코드를 실행시켜서 모양들이 제대로 들어왔는지 확인해보겠습니다.

```
print(레모네이드.shape)
print(보스턴.shape)
print(아이리스.shape)
```

실행 결과

```
(6, 2)
(506, 14)
(150, 5)
```

레모네이드의 모양은 (6, 2)로 돼 있고 **보스턴**의 모양은 (506, 14), **아이리스**의 모양은 (150, 5) 이렇게 되어 있네요. 왼쪽이 열이고 오른쪽이 칼럼이니까 방금 보셨던 데이터의 모양과 동일한 것을 알 수 있습니다.

데이터 칼럼 이름 확인

다음으로 독립변수와 종속변수를 분리해야 하는데, 그러려면 칼럼 이름이 필요합니다. 칼럼들의 이름을 출력해보겠습니다.

```
print(레모네이드.columns)
print(보스턴.columns)
print(아이리스.columns)
```

실행 결과

```
Index(['온도', '판매량'], dtype='object')
Index(['crim', 'zn', 'indus', 'chas', 'nox', 'rm', 'age', 'dis', 'rad', 'tax',
       'ptratio', 'b', 'lstat', 'medv'],
      dtype='object')
Index(['꽃잎길이', '꽃잎폭', '꽃받침길이', '꽃받침폭', '품종'], dtype='object')
```

독립변수와 종속변수 분리

그럼 이 이름들을 가지고 종속변수와 독립변수를 분리하겠습니다.

먼저 레모네이드의 독립변수는 **온도** 칼럼 하나이고, 종속변수는 **판매량**이 됩니다. 대괄호를 2개씩 사용한 것에 유의하세요.

```
독립 = 레모네이드[['온도']]
종속 = 레모네이드[['판매량']]
```

이제 데이터가 제대로 분리되었는지 모양을 확인해야 합니다. 출력 결과를 보면 데이터가 6개고, 각각 한 칼럼씩 분리된 것을 볼 수 있습니다.

```
print(독립.shape, 종속.shape)
```

```
(6, 1) (6, 1)
```

이번에는 보스턴 데이터를 분리해보겠습니다. 칼럼들의 의미는 이후 수업에서 설명드리기로
하고, 일단 앞의 13개 칼럼을 독립변수로, 맨 마지막 medv를 종속변수로 하겠습니다. 실행 결
과에서 데이터의 개수가 맞는지도 확인해보시기 바랍니다.

```
독립 = 보스턴[['crim', 'zn', 'indus', 'chas', 'nox', 'rm', 'age', 'dis', 'rad', 'tax',
              'ptratio', 'b', 'lstat']]
종속 = 보스턴[['medv']]
print(독립.shape, 종속.shape)
```

```
(506, 13) (506, 1)
```

마지막으로 **아이리스**도 분리해보겠습니다. 독립변수로는 앞에 4개의 칼럼을 사용하고, 종속
변수로 **품종**이라는 칼럼 하나를 사용합니다. 이렇게 하면 칼럼별로 분리가 잘되는 걸 볼 수
있습니다.

```
독립 = 아이리스[['꽃잎길이', '꽃잎폭', '꽃받침길이', '꽃받침폭']]
종속 = 아이리스[['품종']]
print(독립.shape, 종속.shape)
```

```
(150, 4) (150, 1)
```

3개의 데이터를 파일로부터 읽어 들여서 독립변수와 종속변수로 분리하는 데이터 준비 과정
을 마쳤습니다. 이렇게 분리된 데이터를 가지고 모델을 만들어서, 모델에 이 데이터들을 학습
시키면 됩니다.

각각의 데이터 확인해보기

우리가 이후 수업에 사용할 필요한 기능들은 모두 배웠는데, 추가로 한 가지만 더 알아보겠습니다. head()를 사용하면 실제 데이터를 출력할 때 상위 5개의 데이터만 테이블 형태로 볼 수 있습니다.

레모네이드.head()

	온도	판매량
0	20	40
1	21	42
2	22	44
3	23	46
4	24	48

보스턴 데이터도 마찬가지로 head()로 5개 데이터를 출력해보겠습니다. 보스턴 데이터에는 506개 로우가 있는데 모두 출력해서 보는 건 크게 의미가 없으므로, 어떤 데이터들이 들어있는지 대략적으로 눈으로 확인하기 위해서 head()로 데이터를 출력해보는 것입니다.

보스턴.head()

실행 결과

	crim	zn	indus	chas	nox	rm	age	dis	rad	tax	ptratio	b	lstat	medv
0	0.00632	18.0	2.31	0	0.538	6.575	65.2	4.0900	1	296	15.3	396.90	4.98	24.0
1	0.02731	0.0	7.07	0	0.469	6.421	78.9	4.9671	2	242	17.8	396.90	9.14	21.6
2	0.02729	0.0	7.07	0	0.469	7.185	61.1	4.9671	2	242	17.8	392.83	4.03	34.7
3	0.03237	0.0	2.18	0	0.458	6.998	45.8	6.0622	3	222	18.7	394.63	2.94	33.4
4	0.06905	0.0	2.18	0	0.458	7.147	54.2	6.0622	3	222	18.7	396.90	5.33	36.2

아이리스 데이터도 마찬가지로 출력해보겠습니다.

아이리스.head()

	꽃잎길이	꽃잎폭	꽃받침길이	꽃받침폭	품종
0	5.1	3.5	1.4	0.2	setosa
1	4.9	3.0	1.4	0.2	setosa
2	4.7	3.2	1.3	0.2	setosa
3	4.6	3.1	1.5	0.2	setosa
4	5.0	3.6	1.4	0.2	setosa

이제 여러분은 판다스를 이용해서 어떤 데이터를 만나더라도 독립변수와 종속변수를 분리해서 데이터를 준비할 수 있게 되었습니다. 수고하셨습니다.

전체 코드

코드 practice1-pandas.ipynb

```python
# 라이브러리 사용
import pandas as pd

# 파일로부터 데이터 읽어오기
파일경로 = 'https://raw.githubusercontent.com/blackdew/tensorflow1/master/csv/lemonade.csv'
레모네이드 = pd.read_csv(파일경로)

파일경로 = 'https://raw.githubusercontent.com/blackdew/tensorflow1/master/csv/boston.csv'
보스턴 = pd.read_csv(파일경로)

파일경로 = 'https://raw.githubusercontent.com/blackdew/tensorflow1/master/csv/iris.csv'
아이리스 = pd.read_csv(파일경로)

# 데이터의 모양 확인
print(레모네이드.shape)
print(보스턴.shape)
print(아이리스.shape)

# 데이터 칼럼명 확인
print(레모네이드.columns)
print(보스턴.columns)
print(아이리스.columns)
```

```
# 독립변수와 종속변수 분리
독립 = 레모네이드[['온도']]
종속 = 레모네이드[['판매량']]
print(독립.shape, 종속.shape)

독립 = 보스턴[['crim', 'zn', 'indus', 'chas', 'nox',
             'rm', 'age', 'dis', 'rad', 'tax',
             'ptratio', 'b', 'lstat']]
종속 = 보스턴[['medv']]
print(독립.shape, 종속.shape)

독립 = 아이리스[['꽃잎길이', '꽃잎폭', '꽃받침길이', '꽃받침폭']]
종속 = 아이리스[['품종']]
print(독립.shape, 종속.shape)

# 각각의 데이터 확인해보기
레모네이드.head()
보스턴.head()
아이리스.head()
```

03장

첫 번째 딥러닝:
레모네이드 판매 예측

머신러닝 모델을 만드는 과정과
손실의 의미를 알아본 다음, 레모네이드 판매량을
예측하는 지도학습 모델을 만들어봅니다.

01 | 머신러닝 모델을 만드는 과정

레모네이드 판매 예측 수업을 시작하겠습니다.

머신러닝의 흐름

앞에서 봤던 그림이죠? 이 그림을 반복해서 사용할 예정입니다. 그림은 머신러닝 모델을
만드는 과정을 설명하고 있습니다.

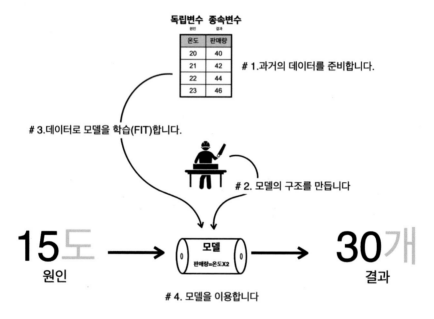

그림 3.1 머신러닝의 흐름

이 그림에서 한글로 작성된 부분만 떼어서 나열해보면 이렇습니다.

1. 과거의 데이터를 준비합니다.

2. 모델의 구조를 만듭니다.

3. 데이터로 모델을 학습(fit)합니다.

4. 모델을 이용합니다.

머신러닝 코드 훑어보기

지금부터 각각의 설명에 해당하는 코드를 전부 보여드릴 건데요, 조금 어렵게 느껴질 수 있습니다. 처음 코드를 접하는 상태이니 당연하다고 할 수 있겠습니다.

그럼에도 지금 이 코드 전체를 보여드리는 이유는 처음 전략에서도 말씀드렸듯이 지도학습 방법을 이미 익숙하게 사용할 수 있는 사람의 학습능력을 믿기 때문입니다. 반복해서 코드를 경험하면 서서히 코드에 익숙해져 가는 자신을 발견할 수 있을 겁니다.[1]

#1 과거의 데이터를 준비

첫 번째는 독립변수와 종속변수를 분리해서 데이터를 준비하는 부분입니다.

```
# 1. 과거의 데이터를 준비합니다.
레모네이드 = pd.read_csv('lemonade.csv')
독립 = 레모네이드[['온도']]
종속 = 레모네이드[['판매량']]

print(독립.shape, 종속.shape)
```

#2 모델의 구조를 만들기

두 번째가 모델을 만드는 부분인데요. 이 4줄의 코드는 사실상 우리 수업 전체의 핵심이라고 할 수 있습니다. 수업을 통해 이 4줄의 코드를 깊이 들여다보려고 합니다.

```
# 2. 모델의 구조를 만듭니다.
X = tf.keras.layers.Input(shape=[1])
```

---

1   (엮은이) 여기서는 코드를 훑어보고, 실습은 3.3절에서 합니다.

```
Y = tf.keras.layers.Dense(1)(X)
model = tf.keras.models.Model(X, Y)
model.compile(loss='mse')
```

#3 모델을 학습시키기

세 번째는 학습을 하는 부분입니다. 모델도 준비되었고 데이터도 준비되었으니 학습을 해야 겠죠.

```
# 3. 데이터로 모델을 학습(fit)합니다.
model.fit(독립, 종속, epochs=1000)
```

#4 모델을 이용하기

그리고 마지막으로 만들어진 모델을 이용하여 값을 예측하는 부분입니다.

```
# 4. 모델을 이용합니다.
print("Predictions:", model.predict([[15]]))
```

어떤가요? 짐작되는 부분도 있고 전혀 짐작되지 않는 부분도 있을 것입니다. 괜찮습니다. 여러 데이터를 다뤄보면서 이 코드를 어떻게 이용하면 될지 알게 될 것입니다. 아주 조금만 이해하면 이 코드들을 쉽게 이용할 수 있습니다.

머신러닝의 흐름과 코드를 함께 살펴보기

이제부터 하나하나의 과정을 조금 더 깊이 살펴보면서 이 코드의 사용법을 알아보겠습니다. 익숙한 그림에서 다시 시작해보죠. 실제 모델이 학습되는 흐름과 코드를 매칭시켜보겠습니다.

#1 과거의 데이터를 준비

데이터를 파일에서 읽어와서 종속변수와 독립변수로 분리하는 코드는 앞에서 실습했었죠? 판다스 라이브러리를 이용해서 데이터를 읽어 오고 독립변수와 종속변수를 분리했습니다.

독립변수 종속변수

원인 | 결과

온도	판매량
20	40
21	42
22	44
23	46

\# 1.과거의 데이터를 준비합니다.

```
# 1.과거의 데이터를 준비합니다.
레모네이드 = pd.read_csv('lemonade.csv')
독립 = 레모네이드[['온도']]
종속 = 레모네이드[['판매량']]

print(독립.shape, 종속.shape)
```

그림 3.2 머신러닝의 흐름과 코드 — #1. 과거의 데이터를 준비

#2 모델의 구조를 만들기

데이터 준비가 끝나면 다음은 모델을 구성하는 코드입니다. 지금 보시는 네 줄의 코드는 가장
간단한 형태의 모델을 뉴럴넷으로 구성한 것입니다. 어느 정도로 간단한 형태냐 하면, 신경망
을 이루는 가장 작은 단위의 세포를 뉴런이라고 말씀드렸는데요, 그 뉴런 하나로 이루어진 두
뇌를 상상하면 되겠습니다. 뇌세포 하나만으로 모델을 만든 셈입니다. 지금은 아직 학습이 되
기 전 상태인 갓 태어난 아기의 두뇌로 비유할 수 있습니다.

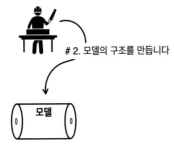

\# 2. 모델의 구조를 만듭니다

```
# 2. 모델의 구조를 만듭니다
X = tf.keras.layers.Input(shape=[1])
Y = tf.keras.layers.Dense(1)(X)
model = tf.keras.models.Model(X, Y)
model.compile(loss='mse')
```

그림 3.3 머신러닝의 흐름과 코드 — #2. 모델의 구조 만들기 (1)

우리가 이 네 줄의 코드에서 눈여겨보아야 할 부분은 바로 첫 번째와 두 번째 라인에 있는 숫
자 부분입니다. 이 숫자의 의미를 이해하면 어떠한 데이터를 가져와도 이 코드를 사용할 수
있게 됩니다. 우리가 준비한 독립변수의 개수는 온도라는 칼럼 하나이므로 첫 번째 줄의 숫자
부분에 1이라고 적었습니다. 우리가 준비한 종속변수의 개수가 판매량 하나죠. 그래서 두 번
째 줄의 숫자에도 1이라고 적었습니다.

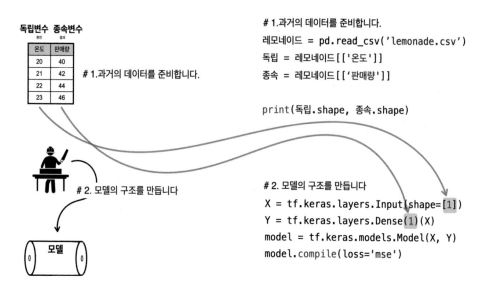

그림 3.4 머신러닝의 흐름과 코드 — #2. 모델의 구조 만들기 (2)

설명을 듣고 보니 이 코드 사용하는 건 정말 식은 죽 먹기죠? 사용법이 어렵지 않다는 걸 알게 되면서 기분도 좋아지고 수업에 대한 두려움도 조금 사라지셨으면 좋겠습니다.

#3 모델을 학습시키기

다음은 구성한 모델에 준비한 데이터를 넣어서 모델을 학습시키는 도구입니다. 모델을 학습시키는 코드는 바로 이 한 줄로, fit이라는 도구가 바로 모델을 학습시키는 기능입니다. 준비한 데이터의 맞춤형 모델을 만들게 되는 것입니다.

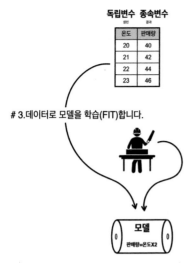

독립변수 종속변수
온도	판매량
20	40
21	42
22	44
23	46

3.데이터로 모델을 학습(FIT)합니다.

3.데이터로 모델을 학습(FIT)합니다.

```
model.fit(독립, 종속, epochs=1000)
```

모델

판매량=온도X2

그림 3.5 머신러닝의 흐름과 코드 — #3 데이터로 모델을 학습

무엇인가를 학습할 때 한 번만 보고 바로 알아듣는 천재적인 사람도 있지만, 저처럼 평범한 사람은 한 번만 보고는 학습이 제대로 안 돼서 몇 번이고 반복해서 학습해야 겨우 지식을 습득할 수 있습니다. 모델도 마찬가지로 여러 번 반복해서 학습해야 합니다.

여기서 epochs라는 단어는 전체 데이터를 몇 번 반복해 학습할지를 결정해주는 숫자입니다. 지금은 1000번을 학습하라고 명령을 주었습니다. 충분한 횟수로 학습을 하면 학습이 완료된 모델을 얻을 수 있습니다.

#4 모델을 이용하기

이제 모델을 이용할 일만 남았습니다. 모델에 새로운 값을 넣었을 때 그에 맞는 결과를 반환해주는 것을 확인할 수 있습니다.

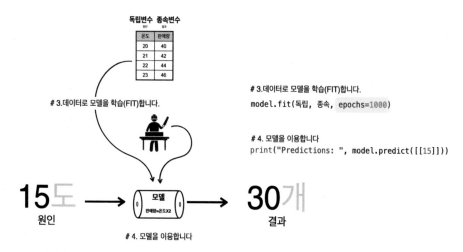

그림 3.6 머신러닝의 흐름과 코드 — #4. 모델을 이용하기

정리

배운 것을 요약해보겠습니다.

- 데이터를 준비하는 부분에서는 독립변수와 종속변수를 분리해서 준비합니다.

- 여기서 독립변수가 몇 개인지 종속변수가 몇 개인지 살피는 것이 중요했습니다. 그 이유는 모델의 구조를 만들 때 숫자 부분을 맞춰서 만들어주어야 하기 때문입니다. 이 부분에 숫자를 맞춰주기만 하면 준비한 데이터를 학습할 수 있는 모델이 만들어집니다.

- 학습을 할 때에는 몇 회 학습할지 알려 주어야 합니다.

코드의 사용법을 잘 익히셨나요? 이제 코드를 사용할 수 있게 되셨습니다. 그럼 어서 우리의 첫 딥러닝 모델을 만들러 가봅시다.

손실의 의미

실습을 시작하기 전에 손실(loss)에 대해서 먼저 알아보겠습니다.

fit 함수의 실행 결과

fit 함수의 동작에 대해서 조금 더 깊게 들여다볼까요?

다음 코드는 10번 반복해서 학습하라고 명령한 코드입니다. 실행하면 10번 반복해서 학습하는 동안 학습이 어떻게 진행되는지 출력됩니다.

```
model.fit(독립, 종속, epochs=10)
```

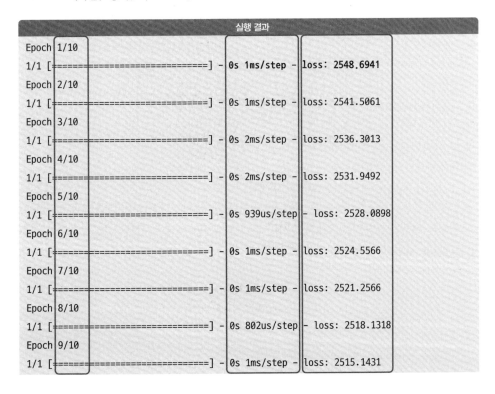

실행 결과

```
Epoch 1/10
1/1 [==============================] - 0s 1ms/step - loss: 2548.6941
Epoch 2/10
1/1 [==============================] - 0s 1ms/step - loss: 2541.5061
Epoch 3/10
1/1 [==============================] - 0s 2ms/step - loss: 2536.3013
Epoch 4/10
1/1 [==============================] - 0s 2ms/step - loss: 2531.9492
Epoch 5/10
1/1 [==============================] - 0s 939us/step - loss: 2528.0898
Epoch 6/10
1/1 [==============================] - 0s 1ms/step - loss: 2524.5566
Epoch 7/10
1/1 [==============================] - 0s 1ms/step - loss: 2521.2566
Epoch 8/10
1/1 [==============================] - 0s 802us/step - loss: 2518.1318
Epoch 9/10
1/1 [==============================] - 0s 1ms/step - loss: 2515.1431
```

```
Epoch 10/10
1/1 [==============================] - 0s 888us/step - loss: 2512.2637
```

실행 결과에서,

- 왼쪽(예: Epoch 1/10)은 이번이 몇 번째 학습인지 알려주는 부분입니다.

- 가운데(예: 0s 1ms/step)는 시간이 얼마나 걸렸는지 알려주는 부분입니다.

- 오른쪽(예: loss: 2548.6941)이 가장 중요한 부분으로, 학습이 얼마나 진행되었는지를 알려줍니다. 각 에포크가 끝날 때마다 그 시점의 모델이 얼마나 정답에 가까이 맞히고 있는지를 평가하는 지표입니다. 학습이 되면 될수록 점점 더 정확하게 정답을 맞히게 됩니다.

손실을 계산하는 원리

손실을 계산하는 원리를 그림으로 살펴보겠습니다.

독립변수와 종속변수를 준비하고 모델을 만든 후, 독립변수를 모델에 넣어주면 모델은 예측 결과를 만들어줍니다.

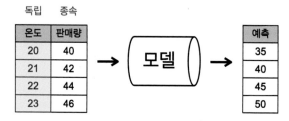

그림 3.7 모델을 이용해 판매량을 예측

이 모델이 얼마나 좋은지 평가하기 위해, 준비한 실제 정답(종속변수)과 예측 결과를 비교합니다. 모든 예측과 정답을 비교해서 각각의 차이(error)를 구하고 제곱합니다. 그리고 그것들의 평균을 구하면 그 값이 바로 손실(loss)이 됩니다.

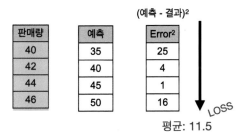

그림 3.8 손실을 계산

예측이 정답을 모두 맞혔다면 그 차이 값은 0이 되며, 손실은 0이 됩니다. 손실이 0에 가까워질수록 학습이 잘되었다고 할 수 있습니다. 그래서 우리는 학습을 시킬 때 손실값을 보면서 에포크마다 손실이 0에 가까워지고 있는지 확인하는 것이 중요합니다. 손실이 원하는 수준으로 떨어질 때까지 반복해서 학습을 시키면 되겠습니다.

학습을 반복하며 손실이 줄어듦을 확인

그럼 학습을 조금 더 시켜볼까요?

```
Epoch 1/10
1/1 [==============================] - 0s 803us/step - loss: 27.3382
Epoch 2/10
1/1 [==============================] - 0s 1ms/step - loss: 27.1118
Epoch 3/10
1/1 [==============================] - 0s 1ms/step - loss: 26.8864
Epoch 4/10
1/1 [==============================] - 0s 1ms/step - loss: 26.6620
Epoch 5/10
1/1 [==============================] - 0s 1ms/step - loss: 26.4385
Epoch 6/10
1/1 [==============================] - 0s 1ms/step - loss: 26.2160
Epoch 7/10
1/1 [==============================] - 0s 1ms/step - loss: 25.9945
Epoch 8/10
1/1 [==============================] - 0s 1ms/step - loss: 25.7739
Epoch 9/10
1/1 [==============================] - 0s 1ms/step - loss: 25.5544
```

```
Epoch 10/10
1/1 [==============================] - 0s 1ms/step - loss: 25.3358
```

여러 번 반복해서 실행한 다음, 결과를 확인해보니 손실이 25까지 떨어졌습니다.

```
Epoch 1/10
1/1 [==============================] - 0s 873us/step - loss: 0.0024
Epoch 2/10
1/1 [==============================] - 0s 2ms/step - loss: 0.0024
Epoch 3/10
1/1 [==============================] - 0s 813us/step - loss: 0.0023
Epoch 4/10
1/1 [==============================] - 0s 1ms/step - loss: 0.0023
Epoch 5/10
1/1 [==============================] - 0s 1ms/step - loss: 0.0023
Epoch 6/10
1/1 [==============================] - 0s 2ms/step - loss: 0.0022
Epoch 7/10
1/1 [==============================] - 0s 2ms/step - loss: 0.0022
Epoch 8/10
1/1 [==============================] - 0s 747us/step - loss: 0.0021
Epoch 9/10
1/1 [==============================] - 0s 1ms/step - loss: 0.0020
Epoch 10/10
1/1 [==============================] - 0s 746us/step - loss: 0.0020
```

계속 반복해서 실행을 시켜보았고 이제 0에 가까이 떨어졌습니다. 이 정도 됐으면 모델은 실제 데이터에 대해서 예측하는 값과 정답의 차이가 평균적으로 1보다 작다고 할 수 있습니다. 거의 정확해졌습니다.

03 레모네이드 판매 예측 실습

레모네이드 판매 예측 실습수업을 시작하겠습니다. 우리가 할 일들을 주석(comment)으로 먼저 작성해보았습니다.

라이브러리 사용

데이터 준비

모델을 만듭니다.

모델을 학습합니다.

모델을 이용합니다.

이 주석을 코드로 완성하면 레모네이드 판매 예측 모델이 완성될 겁니다. 주석을 따라서 코드를 완성해보겠습니다.

라이브러리 사용

텐서플로와 판다스 라이브러리를 임포트하는 코드를 입력합니다.

```
import tensorflow as tf
import pandas as pd
```

데이터를 준비

이번에는 데이터를 준비하는 코드를 작성해볼까요? 데이터를 준비할 때는 독립변수와 종속변수를 나눠야 합니다. 아래 주소의 깃허브에 올려둔 파일의 URL 주소를 가지고 데이터를 직접 읽어올 수 있습니다.

- https://raw.githubusercontent.com/blackdew/tensorflow1/master/csv/lemonade.csv

다음과 같이 **파일경로**라는 변수에 이 URL을 담아주고, 데이터를 읽어들입니다.

```
파일경로 = 'https://raw.githubusercontent.com/blackdew/tensorflow1/master/csv/lemonade.csv'
레모네이드 = pd.read_csv(파일경로)
```

데이터를 잘 읽어들였는지 head()로 출력해서 확인합니다.

```
레모네이드.head()
```

	실행 결과

	온도	판매량
0	20	40
1	21	42
2	22	44
3	23	46
4	24	48

코드 셀을 하나 더 만들고, 종속변수와 독립변수로 분리하는 코드를 입력하겠습니다. 데이터에서 **온도** 칼럼만 떼어서 **독립** 변수에 담아주고, **판매량** 칼럼만 떼어서 **종속** 변수에 담아줍니다.

```
독립 = 레모네이드[['온도']]
종속 = 레모네이드[['판매량']]
```

독립 변수와 종속 변수가 잘 나눠졌는지 shape로 확인합니다. 여러 가지 방법으로 확인할 수 있는데 shape로 모양을 확인하는 방법이 가장 쉽습니다. 모델을 이 숫자에 맞게 만들어 줄 것입니다.

```
print(독립.shape, 종속.shape)
```

실행 결과

```
(6, 1) (6, 1)
```

모델 만들기

모델은 4줄의 코드로 이루어져 있었습니다.

먼저 Input 레이어를 만듭니다. 독립변수의 칼럼 개수가 하나였으므로 그에 맞춰서 shape를 1이라고 적었습니다.

```
X = tf.keras.layers.Input(shape=[1])
```

Y는 Dense 레이어입니다. 마찬가지로 숫자를 적어줘야 하는데, 종속변수의 칼럼 개수가 하나이므로 1이라고 적어줍니다. X를 넣어주고요.

```
Y = tf.keras.layers.Dense(1)(X)
```

모델은 다음과 같이 X와 Y를 넣어서 적어주면 완성됩니다.

```
model = tf.keras.models.Model(X, Y)
```

그리고 compile은 모델이 학습할 방법을 정리해주는 것으로, 뒤 수업에서 설명합니다. loss='mse'라고 적어주면 모델이 완성됩니다.

```
model.compile(loss='mse')
```

학습

모델을 완성한 다음엔 모델을 학습시켜야겠죠? 한 줄의 코드로 모델을 학습시킨다고 말씀드 렸습니다. 준비한 독립변수와 종속변수를 넣어주고, 일단 10번만 학습해보겠습니다.

```
model.fit(독립, 종속, epochs=10)
```

실행 결과
Epoch 1/10
1/1 [==============================] - 0s 1ms/step - loss: 3543.2092
Epoch 2/10
1/1 [==============================] - 0s 3ms/step - loss: 3534.3445

```
Epoch 3/10
1/1 [==============================] - 0s 2ms/step - loss: 3527.9238
Epoch 4/10
1/1 [==============================] - 0s 2ms/step - loss: 3522.5547
Epoch 5/10
1/1 [==============================] - 0s 2ms/step - loss: 3517.7927
Epoch 6/10
1/1 [==============================] - 0s 2ms/step - loss: 3513.4326
Epoch 7/10
1/1 [==============================] - 0s 2ms/step - loss: 3509.3596
Epoch 8/10
1/1 [==============================] - 0s 2ms/step - loss: 3505.5029
Epoch 9/10
1/1 [==============================] - 0s 2ms/step - loss: 3501.8137
Epoch 10/10
1/1 [==============================] - 0s 2ms/step - loss: 3498.2590
<tensorflow.python.keras.callbacks.History at 0x7fe94139cfd0>
```

10번 학습하니 loss가 3498이 되었는데, 이 정도면 손실이 높은 편입니다. 즉, 모델이 정답을 맞히기에는 아직 부족합니다. loss 값이 0에 가까워져야 정답을 잘 맞히는 모델이 됩니다.

그럼 loss를 낮추려면 어떻게 해야 할까요? 더 반복해서 학습시키면 되겠죠. 10번 더 학습시켜 보겠습니다.

```
model.fit(독립, 종속, epochs=10)
```

실행 결과
```
Epoch 1/10
1/1 [==============================] - 0s 2ms/step - loss: 3494.8137
Epoch 2/10
1/1 [==============================] - 0s 2ms/step - loss: 3491.4590
Epoch 3/10
1/1 [==============================] - 0s 2ms/step - loss: 3488.1804
Epoch 4/10
1/1 [==============================] - 0s 2ms/step - loss: 3484.9661
Epoch 5/10
1/1 [==============================] - 0s 2ms/step - loss: 3481.8076
```

```
Epoch 6/10
1/1 [==============================] - 0s 2ms/step - loss: 3478.6956
Epoch 7/10
1/1 [==============================] - 0s 2ms/step - loss: 3475.6250
Epoch 8/10
1/1 [==============================] - 0s 2ms/step - loss: 3472.5098
Epoch 9/10
1/1 [==============================] - 0s 2ms/step - loss: 3469.5879
Epoch 10/10
1/1 [==============================] - 0s 2ms/step - loss: 3466.6125
<tensorflow.python.keras.callbacks.History at 0x7fe941397208>
```

loss가 매우 천천히 떨어지는 것을 볼 수 있습니다. 그러면 어떻게 해야 할까요? 많이, 아주
많이 학습을 시켜야 할 것 같습니다.

이번에는 학습을 10,000번 시키겠습니다. 그런데 10,000번을 학습시키면 화면에도 10,000
번 출력될 테니까 너무 혼란스럽겠죠? 이럴 때는 verbose라는 값에 0을 넣어주면 학습하는
동안 화면 출력을 하지 않습니다.

```
model.fit(독립, 종속, epochs=10000, verbose=0)
```

실행 결과
`<tensorflow.python.keras.callbacks.History at 0x7fe9439c6f28>`

10,000번을 돌려 봤습니다. 화면 출력이 되지 않으니까 학습이 잘됐는지 확인할 수가 없네
요. 그러면 어떻게 해야 할까요? verbose 옵션 없이 10번만 더 학습을 시켜보겠습니다.

```
model.fit(독립, 종속, epochs=10)
```

실행 결과
| ```
Epoch 1/10
1/1 [==============================] - 0s 1ms/step - loss: 2.2474e-04
Epoch 2/10
1/1 [==============================] - 0s 2ms/step - loss: 2.2465e-04
Epoch 3/10
1/1 [==============================] - 0s 2ms/step - loss: 2.2449e-04
``` |
```

```
Epoch 4/10
1/1 [==============================] - 0s 2ms/step - loss: 2.2441e-04
Epoch 5/10
1/1 [==============================] - 0s 2ms/step - loss: 2.2443e-04
Epoch 6/10
1/1 [==============================] - 0s 2ms/step - loss: 2.2446e-04
Epoch 7/10
1/1 [==============================] - 0s 2ms/step - loss: 2.2442e-04
Epoch 8/10
1/1 [==============================] - 0s 2ms/step - loss: 2.2434e-04
Epoch 9/10
1/1 [==============================] - 0s 2ms/step - loss: 2.2426e-04
Epoch 10/10
1/1 [==============================] - 0s 2ms/step - loss: 2.2406e-04
<tensorflow.python.keras.callbacks.History at 0x7fe940a0c908>
```

이제 학습의 결과가 이전과는 다른 형식으로 나왔는데요, 2.2406e-04에서 e-04는 10^{-4}를 뜻합니다. 즉 0.0001이라는 숫자를 2.2406과 곱해주면 됩니다. 따라서 현재 0.0002 정도의 손실이 발생하고 있는 겁니다. 거의 0에 가까워졌습니다. 그러면 이제 모델이 완성된 거겠죠?

모델을 이용하기

이 모델을 확인해봅시다. 우리가 준비한 독립변수를 넣어서 종속변수의 정답과 가까이 정답을 맞히는지 확인해보겠습니다.

```
model.predict(독립)
```

실행 결과

```
array([[40.003647],
       [41.997757],
       [43.991867],
       [45.985977],
       [47.980083],
       [49.974194]], dtype=float32)
```

우리가 준비한 정답에 가깝게 출력되었습니다. 이 모델을 이용해서 예측을 해보겠습니다.

```
model.predict([[15]])
```

```
array([[30.033106]], dtype=float32)
```

내일 온도가 15도라면 30개의 레모네이드를 준비해야 한다는 것을 알 수 있게 되었습니다. 딥러닝 코드를 어떻게 이용하실지 감이 좀 오시나요? 그렇게 어렵진 않았죠?

여러분의 첫 번째 딥러닝 코드를 완성하신 것을 축하합니다!

전체 코드

```python
# 라이브러리 사용
import tensorflow as tf
import pandas as pd

# 데이터를 준비합니다.
파일경로 = 'https://raw.githubusercontent.com/blackdew/tensorflow1/master/csv/lemonade.csv'
레모네이드 = pd.read_csv(파일경로)
레모네이드.head()

# 종속변수, 독립변수
독립 = 레모네이드[['온도']]
종속 = 레모네이드[['판매량']]
print(독립.shape, 종속.shape)

# 모델을 만듭니다.
X = tf.keras.layers.Input(shape=[1])
Y = tf.keras.layers.Dense(1)(X)
model = tf.keras.models.Model(X, Y)
model.compile(loss='mse')

# 모델을 학습시킵니다.
model.fit(독립, 종속, epochs=1000, verbose=0)
model.fit(독립, 종속, epochs=10)

# 모델을 이용합니다.
print(model.predict(독립))
print(model.predict([[15]]))
```

04장

두 번째 딥러닝:
보스턴 집값 예측

보스턴 주택 가격 데이터를 살펴보고,
딥러닝 모델을 만드는 코드를 살펴봅니다.
텐서플로를 이용해 집값을 예측하는
딥러닝 모델을 만들어 봅니다.

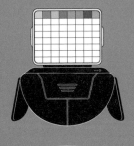

보스턴 집값 예측

보스턴 집값 예측 수업을 시작하겠습니다.

이전 시간에 데이터 사이의 관계를 찾은 모델은 독립변수와 종속변수가 하나씩이고, 뉴런 하나로 이뤄진 단순한 모델이었습니다.

그래서 '이게 뭐야. 딥러닝은 더 대단한 일을 하는 줄 알았는데, 이건 너무 간단하잖아. 이런 것 말고 좀 더 놀라운 걸 알고 싶은데 말이야.' 하는 생각에 조금은 실망하셨을지도 모르겠습니다. 저도 처음에는 그랬습니다.

이번에 우리가 학습시킬 모델은 다음과 같은 공식을 만들게 됩니다.

$$y = \quad -0.09832304x_1$$
$$+0.088935934x_2$$
$$+-0.060747888x_3$$
$$+4.444701x_4$$
$$+0.95923173x_5$$
$$+3.4496038x_6$$
$$+0.03198209x_7$$
$$+-0.8730943x_8$$
$$+0.17615545x_9$$
$$+-0.00806713x_{10}$$
$$+0.14275435x_{11}$$
$$+0.017301293x_{12}$$
$$+-0.6197083x_{13}$$
$$+2.0836691856384277$$

어떤가요? 기대가 되나요?

이렇게 복잡한 공식을 스스로 학습하는 모델을 만든다고 생각하니 더 대단한 걸 배워야 할 것만 같습니다. 하지만 걱정하지 마세요. 사실 이 앞의 수업에서 여러분은 이미 이런 모델을 만들기 위한 배움이 끝나 있는 상태입니다. 더 배울 것이 없습니다.

같이 확인해보시죠.

보스턴 주택 가격

지금부터 여러분은 보스턴의 주택 정책을 관장하는 공무원입니다. 주택가격 현황을 살펴보고 싶어서 자료를 요청하니 다음과 같이 1978년도 미국 보스턴 주 506개 타운(town)들의 집값을 나타내는 표를 받았습니다. 잠시 관찰합시다.

Boston Housing Price

1	2	3	4	5	6	7	8	9	10	11	12	13	14
CRIM	ZN	INDUS	CHAS	NOX	RM	AGE	DIS	RAD	TAX	PTRATIO	B	LSTAT	MEDV
0.00632	18	2.31	0	0.538	6.575	65.2	4.09	1	296	15.3	396.9	4.98	24
0.02731	0	7.07	0	0.469	6.421	78.9	4.9671	2	242	17.8	396.9	9.14	21.6
0.02729	0	7.07	0	0.469	7.185	61.1	4.9671	2	242	17.8	392.83	4.03	34.7
0.03237	0	2.18	0	0.458	6.998	45.8	6.0622	3	222	18.7	394.63	2.94	33.4
0.06905	0	2.18	0	0.458	7.147	54.2	6.0622	3	222	18.7	396.9	5.33	36.2
0.02985	0	2.18	0	0.458	6.43	58.7	6.0622	3	222	18.7	394.12	5.21	28.7
0.08829	12.5	7.87	0	0.524	6.012	66.6	5.5605	5	311	15.2	395.6	12.43	22.9
0.14455	12.5	7.87	0	0.524	6.172	96.1	5.9505	5	311	15.2	396.9	19.15	27.1
1.23247	0	8.14	0	0.538	6.142	91.7	3.9769	4	307	21	396.9	18.72	15.2
0.17004	12.5	7.87	0	0.524	6.004	85.9	6.5921	5	311	15.2	386.71	17.1	18.9
0.22489	12.5	7.87	0	0.524	6.377	94.3	6.3467	5	311	15.2	392.52	20.45	15
8.98296	0	18.1	1	0.77	6.212	97.4	2.1222	24	666	20.2	377.73	17.6	17.8

그림 4.1 보스턴 집값 데이터

각각의 행은 타운 한 곳을 의미하고, 열은 각 타운의 특성들을 의미합니다. 이 중에서 제일 중요한 열은 열네 번째에 있는 medv입니다. 이 열은 해당 타운에 있는 주택들 가격의 중앙값을 나타냅니다.

중앙값

잠시 **중앙값**(median)에 대해 설명하겠습니다. 첫 번째 행이 의미하는 지역에 5채의 집이 있다고 해봅시다.

그림 4.2 주택 다섯 채의 가격

가격을 기준으로 주택들을 순서대로 정렬했을 때 그중에서 가장 가운데에 있는 값이 바로 중앙값입니다.

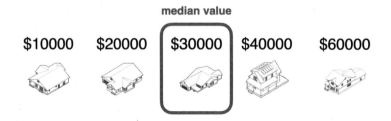

그림 4.3 주택 가격의 중앙값

중앙값과 비슷하게 사용되는 값으로 평균값이 있는데요, 중앙값과 평균값은 모두 집단을 대표하기 위하여 사용되는 값입니다.

일반적으로 평균값이 집단을 대표하는 아주 좋은 지표입니다. 우리 반의 평균 성적, 선수단의 평균 키, 대한민국 평균 수명 등 아주 많은 곳에서 사용됩니다.

하지만 어떤 경우에는 집단을 대표하기에 평균이 매우 취약한 상태가 됩니다. 단적으로 뉴스에 평균 연봉이라고 하여 노출되는 기사들을 찾아보시면 알기 쉽습니다. 실제 체감하는 연봉과 상당히 괴리가 있는 금액인데요, 그 이유는 연봉이 매우 높은 사람들의 금액이 너무 높아서 전체 평균값에 영향을 많이 주게 되고, 평균 연봉은 전체 연봉을 대표하는 값으로 삼기에는 괴리가 생기는 겁니다.

전체 집단의 수치와 비교하여 지나치게 높거나 낮아서 평균의 대표성을 무너뜨리는 이러한 값들을 이상치라고 합니다. 이렇게 이상치로 인해 평균이 대표성을 띠지 못하는 경우에 그 대안으로 사용하는 값이 바로 중앙값입니다.

이 내용은 통계에 관련된 지식입니다. 맛보기로 이 정도만 알려드리겠습니다. 데이터에 대한 이해가 부족하여 벽에 부딪혔을 때는 통계를 공부해보시길 권해드립니다. 그런 분들에게는 통계가 구원자가 돼 줄 것입니다. 통계에 대한 수업도 구상하고 있으니 그 수업에서 더 깊이 얘기해보겠습니다.

각 열의 의미

다시 표를 보겠습니다. 첫 번째 행의 MEDV 값인 24는 해당 지역 주택 값 중에서 가장 가운데에 있는 값이 2만 4천 달러라는 의미입니다. 이 값이 클수록 비싼 주택이 많은 지역입니다.

- 1번째 열인 CRIM은 범죄율을 의미합니다. 범죄율이 높을수록 집값은 떨어지겠죠.
- 4번째 CHAS 열은 그 지역이 찰스강 근처에 있는지를 나타냅니다. 가깝다면 1, 그렇지 않다면 0입니다.
- 6번째 RM은 방의 개수의 평균입니다.
- 13번째 LSTAT는 하위 계층의 비율입니다.

1번째부터 13번째까지의 열은 14번째의 열인 집값에 영향을 미치는 독립변수들입니다.

$$y = -0.09832304x_1$$
$$+ 0.088935934x_2$$
$$+ -0.060747888x_3$$
$$+ 4.444701x_4$$
$$+ 0.95923173x_5$$
$$+ 3.4496038x_6$$
$$+ 0.03198209x_7$$
$$+ -0.8730943x_8$$
$$+ 0.17615545x_9$$
$$+ -0.00806713x_{10}$$
$$+ 0.14275435x_{11}$$
$$+ 0.017301293x_{12}$$
$$+ -0.6197083x_{13}$$
$$+ 2.0836691856384277$$

Boston Housing Price

1	2	3	4	5	6	7	8	9	10	11	12	13	14
CRIM	ZN	INDUS	CHAS	NOX	RM	AGE	DIS	RAD	TAX	PTRATIO	B	LSTAT	MEDV
범죄율			강변		평균방수	노후주택비율			재산세세율	학생/교사비율		하위계층비율	집값
0.00632	18	2.31	0	0.538	6.575	65.2	4.09	1	296	15.3	396.9	4.98	24
0.02731	0	7.07	0	0.469	6.421	78.9	4.9671	2	242	17.8	396.9	9.14	21.6
0.02729	0	7.07	0	0.469	7.185	61.1	4.9671	2	242	17.8	392.83	4.03	34.7
0.03237	0	2.18	0	0.458	6.998	45.8	6.0622	3	222	18.7	394.63	2.94	33.4
0.06905	0	2.18	0	0.458	7.147	54.2	6.0622	3	222	18.7	396.9	5.33	36.2
0.02985	0	2.18	0	0.458	6.43	58.7	6.0622	3	222	18.7	394.12	5.21	28.7
0.08829	12.5	7.87	0	0.524	6.012	66.6	5.5605	5	311	15.2	395.6	12.43	22.9
0.14455	12.5	7.87	0	0.524	6.172	96.1	5.9505	5	311	15.2	396.9	19.15	27.1
1.23247	0	8.14	0	0.538	6.142	91.7	3.9769	4	307	21	396.9	18.72	15.2
0.17004	12.5	7.87	0	0.524	6.004	85.9	6.5921	5	311	15.2	386.71	17.1	18.9
0.22489	12.5	7.87	0	0.524	6.377	94.3	6.3467	5	311	15.2	392.52	20.45	15
8.98296	0	18.1	1	0.77	6.212	97.4	2.1222	24	666	20.2	377.73	17.6	17.8

그림 4.4 보스턴 주택 가격 공식(왼쪽)과 데이터(오른쪽)

이 독립변수들이 어떻게 종속변수에 영향을 미치는지를 보여주는 공식이 바로 표의 왼쪽에 있는 복잡한 공식입니다. x로 표시된 부분을 변수의 이름으로 변경하면 다음 식과 같이 됩니다.

$$MEDV = \quad -0.09832304CRIM$$
$$+ 0.088935934ZN$$
$$+ -0.060747888INDUS$$
$$+ 4.444701CHAS$$
$$+ 0.95923173NOX$$
$$+ 3.4496038RM$$
$$+ 0.03198209AGE$$
$$+ -0.8730943DIS$$
$$+ 0.17615545RAD$$
$$+ -0.00806713TAX$$
$$+ 0.14275435PTRATIO$$
$$+ 0.017301293B$$
$$+ -0.6197083LSTAT$$
$$+ 2.0836691856384277$$

한 지역의 데이터를 공식에 대입해보겠습니다. 변수의 값을 대입해서 계산하면 집값의 예상 가격을 얻을 수 있습니다. 물론 이 값은 정확하지 않습니다만, 그래도 꽤 비슷한 값을 얻을 수 있습니다. 학습을 잘 시킨다면 더 정확한 값을 얻을 수도 있습니다.

$$
\begin{aligned}
19.13 = \quad & -0.09832304 \times 1.23247 \\
& + 0.088935934 \times 0 \\
& + -0.060747888 \times 8.14 \\
& + 4.444701 \times 0 \\
& + 0.95923173 \times 0.538 \\
& + 3.4496038 \times 6.142 \\
& + 0.03198209 \times 91.7 \\
& + -0.8730943 \times 3.9769 \\
& + 0.17615545 \times 4 \\
& + -0.00806713 \times 307 \\
& + 0.14275435 \times 21 \\
& + 0.017301293 \times 396.9 \\
& + -0.6197083 \times 18.72 \\
& + 2.0836691856384277
\end{aligned}
$$

이런 공식을 사람이 직접 만들기가 쉬울까요? 머신러닝을 이용하면 기계가 알아서 이렇게 복잡한 공식을 만들어줍니다.

이게 얼마나 대단한 일인지 곰곰이 느껴보세요. 그것을 느끼지 못한다면 머신러닝 공부는 의미가 없습니다. 즐겁지 않은 것은 말할 것도 없죠.

그럼 텐서플로를 이용해 집값을 예측하는 딥러닝 모델을 만들어봅시다.

수식과 퍼셉트론

3장에서 배운 그림을 기억하시죠?

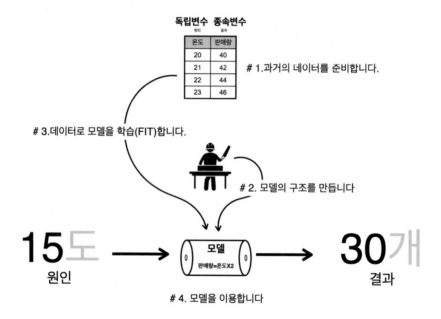

그림 4.5 딥러닝의 과정

이 그림에서 다시 시작해보겠습니다. 우리는 이런 과정을 거쳐서 딥러닝 모델을 완성합니다.

1. 과거의 데이터를 준비합니다.

2. 모델의 구조를 만듭니다.

3. 데이터에 모델을 학습(fit)시킵니다.

4. 모델을 이용합니다.

이 네 단계에 해당하는 코드 전체를 먼저 구경해보겠습니다. 이전에 작성했던 부분과 무엇이 다른지 생각하면서 살펴보세요.[1]

```python
# 1. 과거의 데이터를 준비합니다.
보스턴 = pd.read_csv('boston.csv')
독립 = 보스턴[['crim', 'zn', 'indus', 'chas', 'nox', 'rm', 'age', 'dis', 'rad', 'tax',
            'ptratio', 'b', 'lstat']]
종속 = 보스턴[['medv']]
print(독립.shape, 종속.shape)

# 2. 모델의 구조를 만듭니다.
X = tf.keras.layers.Input(shape=[13])
Y = tf.keras.layers.Dense(1)(X)
model = tf.keras.models.Model(X, Y)
model.compile(loss='mse')

# 3. 데이터로 모델을 학습(fit)합니다.
model.fit(독립, 종속, epochs=1000)

# 4. 모델을 이용합니다.
print("Predictions: ", model.predict(독립[0:5]))
```

데이터를 준비하는 부분은 보스턴 파일을 불러온 다음 독립변수 13개의 칼럼을 독립변수로, 'medv' 하나의 칼럼을 종속변수로 분리했습니다.

```python
# 1.과거의 데이터를 준비합니다.
보스턴 = pd.read_csv('boston.csv')
독립 = 보스턴[['crim', 'zn', 'indus', 'chas', 'nox', 'rm', 'age', 'dis', 'rad', 'tax',
            'ptratio', 'b', 'lstat']]
종속 = 보스턴[['medv']]
print(독립.shape, 종속.shape)
```

---

1 (엮은이) 이 코드는 설명을 위해 핵심만 추린 것입니다. 전체 코드는 다음 절에서 살펴봅니다.

모델을 구성하는 코드

모델을 구성하는 부분에서는 첫 번째 줄의 숫자와 두 번째 줄의 숫자 부분을 독립변수와 종속변수에 개수에 맞춰주면 데이터에 맞는 모델을 만들 수 있다고 했습니다. Input 레이어의 shape를 보스턴 집값 데이터의 독립변수 개수인 13으로 했습니다.

```python
X = tf.keras.layers.Input(shape=[13])
Y = tf.keras.layers.Dense(1)(X)
model = tf.keras.models.Model(X, Y)
model.compile(loss='mse')
```

그렇게 넣어주고 나면 나머지 코드는 이전 코드와 같습니다. 모델을 이렇게 구성해주면 우리가 보았던 복잡한 수식을 만들어 내는 모델이 됩니다. 어떤가요? 간단하죠?

이제 여러분은 세상의 모든 데이터에 대해 그에 맞는 수식을 만들 수 있게 되었습니다. 굳이 더 배울 필요는 없지만, 모델이 어떻게 생겼길래 이렇게 동작하는지 이해하기 위해 코드를 조금만 더 들여다 보겠습니다.

입력층(Input 레이어)

보스턴 집값의 독립변수가 13개이므로 Input 레이어에서 13이라는 숫자를 사용했습니다. 13개의 입력을 받는 입력층을 구성한다고 할 수 있습니다.

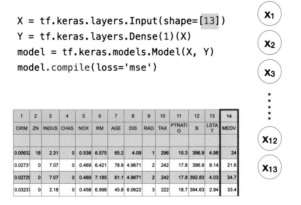

그림 4.6 입력층(Input 레이어) 구성

출력층(Dense 레이어)

종속변수가 1개이므로 두 번째 줄 Dense 레이어에서는 1이라는 숫자를 넣어줍니다. 13개의 입력으로부터 1개의 출력을 만들어내는 구조를 만드는 것입니다.

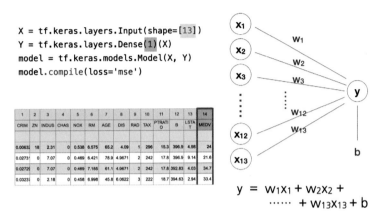

그림 4.7 출력층(Dense 레이어) 구성

1개의 출력을 만드는 구조의 완전한 표현은 바로 이 수식입니다. 두 번째 줄의 Dense 레이어는 이 수식을 만드는 것이고, 컴퓨터는 학습 과정에서 입력되는 데이터를 보고 이 수식의 w와 b를 찾습니다.

퍼셉트론, 가중치, 편향의 의미

우리가 만든 이 모델은 뉴런 하나로 이루어져 있다고 말씀드렸는데요. 뉴런은 실제 두뇌 세포의 이름이고 인공 신경망에서 이런 뉴런의 역할을 하는 녀석이 바로 우리가 만든 모형과 수식입니다. 그리고 이 모형에는 **퍼셉트론**(perceptron)이라는 이름이 붙어 있습니다. 각 w를 부르는 이름은 바로 **가중치**(weight)입니다. 그리고 b는 **편향**(bias)이라고 부릅니다.

$$y = w_1x_1 + w_2x_2 + \cdots\cdots + w_{13}x_{13} + b$$

그림 4.8 퍼셉트론, 가중치, 편향

데이터의 독립변수가 12개, 종속변수가 2개일 때의 모델

데이터가 독립변수 12개, 종속변수 2개라고 가정해봅시다. 모델을 어떻게 만들어야 할까요?

1	2	3	4	5	6	7	8	9	10	11	12	13	14
CRIM	ZN	INDUS	CHAS	NOX	RM	AGE	DIS	RAD	TAX	PTRATIO	B	LSTAT	MEDV
0.00632	18	2.31	0	0.538	6.575	65.2	4.09	1	296	15.3	396.9	4.98	24
0.02731	0	7.07	0	0.469	6.421	78.9	4.9671	2	242	17.8	396.9	9.14	21.6
0.02729	0	7.07	0	0.469	7.185	61.1	4.9671	2	242	17.8	392.83	4.03	34.7
0.03237	0	2.18	0	0.458	6.998	45.8	6.0622	3	222	18.7	394.63	2.94	33.4

그림 4.9 독립변수 12개, 종속변수 2개로 이루어진 데이터

다음처럼 작성할 수 있겠습니다.

```
X = tf.keras.layers.Input(shape=[12])
Y = tf.keras.layers.Dense(2)(X)
model = tf.keras.models.Model(X, Y)
model.compile(loss='mse')
```

Input 레이어의 shape는 12라고 적고 Dense 레이어에는 2라고 적어야겠죠? 입력이 총 12개
네요.

그림으로 표현하면 다음과 같습니다. 하나의 결과를 만드는 데 수식 하나가 필요할 겁니다.
그런데 지금은 종속변수가 2개이니 하나의 결과가 더 필요하겠네요. 즉, 수식도 2개가 필요
한 상태입니다.

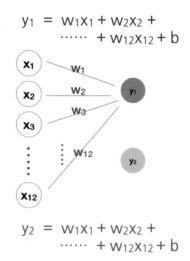

```
X = tf.keras.layers.Input(shape=[12])
Y = tf.keras.layers.Dense(2)(X)
model = tf.keras.models.Model(X, Y)
model.compile(loss='mse')
```

$$y_1 = w_1x_1 + w_2x_2 + \cdots + w_{12}x_{12} + b$$

$$y_2 = w_1x_1 + w_2x_2 + \cdots + w_{12}x_{12} + b$$

1	2	3	4	5	6	7	8	9	10	11	12	13	14
CRIM	ZN	INDUS	CHAS	NOX	RM	AGE	DIS	RAD	TAX	PTRATIO	B	LSTAT	MEDV
0.00632	18	2.31	0	0.538	6.575	65.2	4.09	1	296	15.3	396.9	4.98	24
0.02731	0	7.07	0	0.469	6.421	78.9	4.9671	2	242	17.8	396.9	9.14	21.6
0.02729	0	7.07	0	0.469	7.185	61.1	4.9671	2	242	17.8	392.83	4.03	34.7
0.03237	0	2.18	0	0.458	6.998	45.8	6.0622	3	222	18.7	394.63	2.94	33.4

그림 4.10 독립변수 12개, 종속변수 2개로 이루어진 데이터를 학습하는 모델

이 모양은 퍼셉트론 2개가 병렬로 연결된 모델이 되는 것이고, 찾아야 하는 가중치의 개수는
첫 번째 수식에서 w 12개와 b 1개, 두 번째 수식에서 w 12개와 b 1개 해서 총 26개입니다.

이 수업에서는 모델을 구성하는 4줄의 코드를 깊게 들여다 보았습니다. 어떤가요? 이제 코드
가 그냥 코드로 보이지 않죠? 코드를 보면서 방금 배웠던 그림을 함께 떠올려주시면 딥러닝
을 공부하는 게 더욱 즐거울 것입니다.

좀 자신이 생기셨나요? 이제 코드를 작성하러 가봅시다.

03 보스턴 집값 예측 실습

보스턴 집값 예측 실습수업을 시작하겠습니다.

모델을 만들기 위한 4단계의 설명을 주석으로 달아 놓았습니다. 이 주석대로 모델을 만들어 보겠습니다.

```
# 라이브러리 사용

# 1. 과거의 데이터를 준비합니다.

# 2. 모델의 구조를 만듭니다.

# 3. 데이터로 모델을 학습(fit)합니다.

# 4. 모델을 이용합니다.
```

사실 이전 시간에 레모네이드 판매량 예측 모델을 만들었던 코드와 흡사합니다. 복습한다는 생각으로 따라해주시면 되겠습니다.

이번 시간에는 코드를 추가로 배우기보다는 이 코드의 의미를 음미하면서 코드를 작성해보시 길 바랍니다.

라이브러리 사용

먼저 텐서플로와 판다스를 로딩합니다.

```
import tensorflow as tf
import pandas as pd
```

과거의 데이터를 준비

파일경로 변수에 URL을 담고 판다스의 read_csv() 함수로 보스턴 주택 가격 데이터를 읽어 들입니다.

```
파일경로 = 'https://raw.githubusercontent.com/blackdew/tensorflow1/master/csv/boston.csv'
보스턴 = pd.read_csv(파일경로)
```

데이터를 잘 읽어 들였는지 확인하기 위해 필드명과 데이터의 처음 다섯 행을 출력합니다.

```
print(보스턴.columns)
보스턴.head()
```

실행 결과

```
Index(['crim', 'zn', 'indus', 'chas', 'nox', 'rm', 'age', 'dis', 'rad', 'tax',
       'ptratio', 'b', 'lstat', 'medv'],
      dtype='object')
```

	crim	zn	indus	chas	nox	rm	age	dis	rad	tax	ptratio	b	lstat	medv
0	0.00632	18.0	2.31	0	0.538	6.575	65.2	4.0900	1	296	15.3	396.90	4.98	24.0
1	0.02731	0.0	7.07	0	0.469	6.421	78.9	4.9671	2	242	17.8	396.90	9.14	21.6
2	0.02729	0.0	7.07	0	0.469	7.185	61.1	4.9671	2	242	17.8	392.83	4.03	34.7
3	0.03237	0.0	2.18	0	0.458	6.998	45.8	6.0622	3	222	18.7	394.63	2.94	33.4
4	0.06905	0.0	2.18	0	0.458	7.147	54.2	6.0622	3	222	18.7	396.90	5.33	36.2

그다음으로는 종속변수와 독립변수를 분리합니다. 앞의 13개 칼럼이 독립변수이고, 종속변수는 medv 칼럼이었죠?

```
독립 = 보스턴[['crim', 'zn', 'indus', 'chas', 'nox', 'rm', 'age', 'dis', 'rad', 'tax',
              'ptratio', 'b', 'lstat']]
종속 = 보스턴[['medv']]
```

이렇게 분리하고 나면 꼭 shape를 확인해주시기 바랍니다. shape가 어떻게 나눠졌을 거라고 예상만 하고 확인하는 작업을 소홀히 여기는 경우가 있는데, 꼭 눈으로 확인해야 합니다.

```
print(독립.shape, 종속.shape)
```

```
(506, 13) (506, 1)
```

사용하려는 데이터가 현재 어떤 상황인지를 직접 눈으로 확인하는 것이 버그를 만들지 않는
지름길입니다.

모델의 구조 만들기

그다음에는 모델 구조를 만들겠습니다.

Input 레이어를 만듭니다. 이때 shape는 13으로 지정합니다. Dense는 종속변수의 개수인 1로
맞춰줍니다. 그리고 모델을 만들어 줍니다.

```
X = tf.keras.layers.Input(shape=[13])
Y = tf.keras.layers.Dense(1)(X)
model = tf.keras.models.Model(X, Y)
model.compile(loss='mse')
```

모델을 학습

그다음에 모델을 학습하겠습니다.

fit 함수로 학습을 하고 epochs는 일단 10번만 돌려보겠습니다.

```
model.fit(독립, 종속, epochs=10)
```

```
Epoch 1/10
16/16 [==============================] - 0s 2ms/step - loss: 35951.5547
Epoch 2/10
16/16 [==============================] - 0s 2ms/step - loss: 29834.5566
Epoch 3/10
16/16 [==============================] - 0s 2ms/step - loss: 25052.8203
Epoch 4/10
```

```
16/16 [==============================] - 0s 1ms/step - loss: 20821.6992
Epoch 5/10
16/16 [==============================] - 0s 2ms/step - loss: 17009.1895
Epoch 6/10
16/16 [==============================] - 0s 2ms/step - loss: 13602.5137
Epoch 7/10
16/16 [==============================] - 0s 1ms/step - loss: 10614.9658
Epoch 8/10
16/16 [==============================] - 0s 1ms/step - loss: 8016.3521
Epoch 9/10
16/16 [==============================] - 0s 1ms/step - loss: 5806.3765
Epoch 10/10
16/16 [==============================] - 0s 2ms/step - loss: 3992.6072
<tensorflow.python.keras.callbacks.History at 0x7f19b0290cf8>
```

손실(loss)이 35,000에서 시작해서 3992까지 떨어졌습니다.

100번 더 학습시켜 보겠습니다.

```
model.fit(독립, 종속, epochs=100)
```

실행 결과
(생략)
Epoch 96/100
16/16 [==============================] - 0s 2ms/step - loss: 45.0386
Epoch 97/100
16/16 [==============================] - 0s 2ms/step - loss: 45.1892
Epoch 98/100
16/16 [==============================] - 0s 1ms/step - loss: 44.6037
Epoch 99/100
16/16 [==============================] - 0s 2ms/step - loss: 45.0864
Epoch 100/100
16/16 [==============================] - 0s 2ms/step - **loss: 44.7527**
<tensorflow.python.keras.callbacks.History at 0x7f19b0126b00>

손실이 44까지 떨어졌습니다. 손실이 꾸준히 감소한다는 것은 아직도 학습할 여력이 많이 남아 있다는 얘기입니다.

100번 더 학습시켜 보겠습니다.

```
model.fit(독립, 종속, epochs=100)
```

실행 결과

```
(생략)
Epoch 96/100
16/16 [==============================] - 0s 2ms/step - loss: 38.2641
Epoch 97/100
16/16 [==============================] - 0s 2ms/step - loss: 38.6228
Epoch 98/100
16/16 [==============================] - 0s 2ms/step - loss: 38.5528
Epoch 99/100
16/16 [==============================] - 0s 1ms/step - loss: 38.3129
Epoch 100/100
16/16 [==============================] - 0s 2ms/step - loss: 37.9712
<tensorflow.python.keras.callbacks.History at 0x7f19b014a080>
```

아직도 더 학습해도 될 것 같습니다. 많이 해볼까요?

verbose=0으로 설정해 출력 없이 **1000**번 더 학습시킨 후, **10**번 더 학습하면서 결과를 출력하겠습니다.

```
model.fit(독립, 종속, epochs=1000, verbose=0)
model.fit(독립, 종속, epochs=10)
```

실행 결과

```
(생략)
Epoch 6/10
16/16 [==============================] - 0s 2ms/step - loss: 25.5123
Epoch 7/10
16/16 [==============================] - 0s 1ms/step - loss: 25.4352
Epoch 8/10
16/16 [==============================] - 0s 1ms/step - loss: 25.7912
Epoch 9/10
16/16 [==============================] - 0s 2ms/step - loss: 25.5681
Epoch 10/10
```

```
16/16 [==============================] - 0s 2ms/step - loss: 25.8676
<tensorflow.python.keras.callbacks.History at 0x7f19b03d6c88>
```

손실이 25까지 떨어졌습니다.

모델을 이용

이 모델을 이용해서 우리가 학습시켰던 독립변수에 대해서 얼마나 정확하게 정답을 예측하는
지 확인해보겠습니다.

독립[0:5]에 대한 예측 결과와 정답

predict() 함수에 독립변수를 넣어주는데, 독립변수 전체 500개 중 5개만 사용하겠습니다.
첫 번째(0번)부터 다섯 번째(4번)까지를 잘라서 가져오는 방법입니다(독립[0:5]).

```
print(model.predict(독립[0:5]))
```

실행 결과
array([[29.021164],
[24.316029],
[30.230757],
[29.419598],
[28.853714]], dtype=float32)

종속변수의 첫 번째(0번)부터 다섯 번째(4번)까지의 정답을 출력합니다. 파이썬에서 이렇게
일부만 끊어서 사용하는 문법을 슬라이싱(slicing)이라고 합니다.

종속[0:5]

실행 결과

	medv
0	24.0
1	21.6
2	34.7
3	33.4
4	36.2

독립[5:10]에 대한 예측 결과와 정답

5번째부터 10번째까지의 데이터를 불러오려면 다음과 같이 하면 됩니다.

```
print(model.predict(독립[5:10]))
```

실행 결과
array([[25.809816],
[20.850025],
[17.749743],
[9.20285],
[17.302746]], dtype=float32)

종속[5:10]

위의 실행 결과를 비교해보면, 첫 번째(5번) 행에 대해 모델이 예측한 값은 25(소수점 아래 생략)인데 실제 정답은 28이었고, 두 번째(6번) 행은 20으로 예측했는데 실제 정답은 22였습니다.

세 번째(7번) 행은 27을 17로 예측했고, 네 번째(8번) 행은 16을 9로 예측했고, 다섯 번째(9번) 행은 18을 17로 예측했습니다.

아주 만족스럽진 않지만, 그래도 꽤 근접한 근사치를 만들어 내고 있습니다. 회귀에서 100% 정답을 맞힌다는 건 거의 불가능한 일이라고 보시면 됩니다. 오차를 최소한으로 줄이는 게 목적이 되겠습니다.

모델의 수식 확인

이제 우리가 학습시킨 모델이 어떤 수식을 완성했는지 확인할 수 있습니다. model.get_weights()로 출력해보면 이렇게 숫자들이 많이 나옵니다.

```
print(model.get_weights())
```

```
[array([[-0.09116697],
       [ 0.06776879],
       [-0.05281943],
       [ 3.281145  ],
       [ 1.3674837 ],
       [ 4.3402987 ],
       [ 0.00896964],
       [-0.9369344 ],
       [ 0.1520596 ],
       [-0.0102519 ],
       [-0.07209726],
       [ 0.0151307 ],
       [-0.55185544]], dtype=float32), array([2.62644], dtype=float32)]
```

이 숫자들을 앞에서 배운 수식으로 나타내면 다음과 같습니다. 이런 수식을 컴퓨터가 스스로 학습해서 만들어냈습니다.

```
집값 = -0.09116697 * x1 + 0.06776879 * x2 + -0.05281943 * x3 +
      3.281145 * x4 + 1.3674837 * x5 + 4.3402987 * x6 +
      0.00896964 * x7 + -0.9369344 * x9 + 0.1520596 * x9 +
      -0.0102519 * x10 + -0.07209726 * x11 + 0.0151307 * x12 +
      -0.55185544 * x13 + 2.62644
```

이번 수업에서는 모델을 만드는 부분에 대해서 좀 더 깊이 들여다봤습니다.

전체 코드

코드 practice3-boston.ipynb

```python
# 라이브러리 사용
import tensorflow as tf
import pandas as pd


# 1. 과거의 데이터를 준비합니다.
파일경로 = 'https://raw.githubusercontent.com/blackdew/tensorflow1/master/csv/boston.csv'
보스턴 = pd.read_csv(파일경로)
print(보스턴.columns)
보스턴.head()


# 독립변수, 종속변수 분리
독립 = 보스턴[['crim', 'zn', 'indus', 'chas', 'nox', 'rm', 'age', 'dis', 'rad', 'tax',
           'ptratio', 'b', 'lstat']]
종속 = 보스턴[['medv']]
print(독립.shape, 종속.shape)


# 2. 모델의 구조를 만듭니다.
X = tf.keras.layers.Input(shape=[13])
Y = tf.keras.layers.Dense(1)(X)
model = tf.keras.models.Model(X, Y)
model.compile(loss='mse')


# 3. 데이터로 모델을 학습(fit)합니다.
model.fit(독립, 종속, epochs=1000, verbose=0)
model.fit(독립, 종속, epochs=10)


# 4. 모델을 이용합니다.
print(model.predict(독립[5:10]))


# 종속변수 확인
print(종속[5:10])


# 모델의 수식 확인
print(model.get_weights())
```

로컬 데이터를 코랩 노트북에서 사용하기

지금까지는 파일을 읽어 들일 때 다음과 같은 코드로 웹에서 읽어 들였습니다.

```
파일경로 = 'https://raw.githubusercontent.com/blackdew/tensorflow1/master/csv/boston.csv'
보스턴 = pd.read_csv(파일경로)
```

이렇게 하지 않고 파일을 코랩 노트북에 올려두고 사용하고 싶다면, 파일을 로컬에 다운로드한 후 코랩 서버에
업로드해서 사용하는 방법이 있습니다.

① 먼저 파일 링크를 오른쪽 클릭해 다른 이름으로 저장해 파일을 다운로드합니다. 이때 파일 확장자를 csv로
지정합니다.

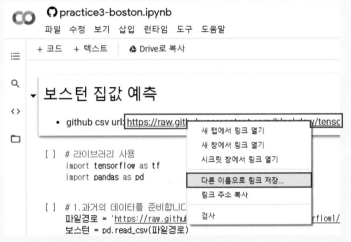

그림 4.11 csv 파일을 다운로드

② 코랩 화면 왼쪽의 폴더 아이콘(🗀)을 클릭하고, 업로드 아이콘(🔼)을 클릭해 csv 파일을 업로드합니다.

그림 4.12 csv 파일을 코랩에 업로드

③ 업로드한 파일 오른쪽 메뉴(⋮)에서 경로 복사를 선택하면 경로가 복사됩니다.

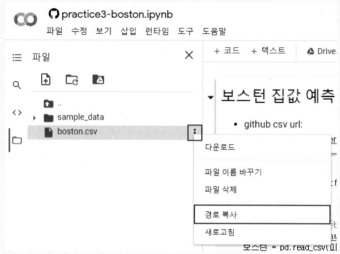

그림 4.13 코랩에 업로드한 파일의 경로를 복사

④ 복사한 경로를 코드에 붙여넣으면 코랩에 올려진 파일로 학습할 수 있습니다.

```
파일경로 = 'content/boston.csv'
```

05장

학습의 실제

수식의 가중치들을 실제로 어떻게 찾아나가는지
스프레드시트에서 직접 실습해봅니다.

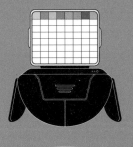

01 | 학습의 실제

딥러닝 데이터를 가지고 스스로 학습한다는 것은 정말 신기한 일입니다. 아무것도 모를 때는 그것은 마법과도 같습니다. 그렇지만 이제 우리는 한 가지를 알았습니다. '아하, 수식을 만들어 놓고 종속변수의 값을 가장 근접하게 맞히도록 가중치를 찾는 거구나.'라고요.

그런데 수식의 가중치들은 대체 어떻게 찾아나가는 걸까요? 궁금하시죠?

딥러닝 워크북

가중치 학습의 과정을 손으로 직접 해볼 수 있는 워크북을 다음 주소의 구글 스프레드시트로 만들어 두었습니다.

- https://bit.ly/2DEBlPd 또는 https://bit.ly/tf101-wb

	A	B	C	D	E	F	G	H	I	J	K	L
1	온도	판매량		W	B	Loss		예측 (w*온도+b)	예측 - 판매량	(예측 - 판매량)^2		
2	21	42		1.977	0.354	0.031683		41.871	-0.129	0.016641		
3	22	44		dLoss / dW	dLoss / dB	prevLoss		43.848	-0.152	0.023104		
4	23	46		133.4331	5.7801	1858.6497		45.825	-0.175	0.030625		
5	24	48		next W	next B	dLoss / dt		47.802	-0.198	0.039204		
6	25	50		1.8435669	0.3482199	-18586180.1		49.779	-0.221	0.048841		
7						dt						
8	초기값 생성기					0.0001			mse	0.031683		
9	0.28											
10				history				워크북 이용방법				
11				w	b	loss		1. 초기값 생성기를 통해 나오는 값을 복사하여 W와 B값을 넣어준다.				
12				0.03	0.27	2036.3634		2. 결과인 W, B 그리고 자동으로 생성되는 Loss 값을 복사하여 history에 넣는다.				
13				2.11	0.36	8.3763		3. prevLoss 에 Loss 값을 복사하여 넣어준다.				
14				1.977	0.354	0.031683		4-1. W값을 0.0001을 더한 값으로 고쳐주고 dLoss / dt의 값 변화를 관찰한다.				
15								4-2. 결과값 dLoss / dt를 dLoss / dW에 넣어준다.				
16								4-3. W값을 원래대로 고친다.				
17								5-1. B값을 0.0001을 더한 값으로 고쳐주고 dLoss / dt의 값을 관찰한다.				
18								5-2. 결과값 dLoss / dt를 dLoss / dB에 넣어준다.				
19								5-3. B값을 원래대로 고친다.				
20								6. next W, next B의 값을 복사하여 W, B에 넣어주고 Loss를 확인한다.				
21								7. 2번부터 다시 반복한다.				
22												

그림 5.1 딥러닝 워크북

실습 준비

구글 스프레드시트의 메뉴에서 **파일 → 사본 만들기**를 선택해 사본을 만들어 실습할 수 있습니다.

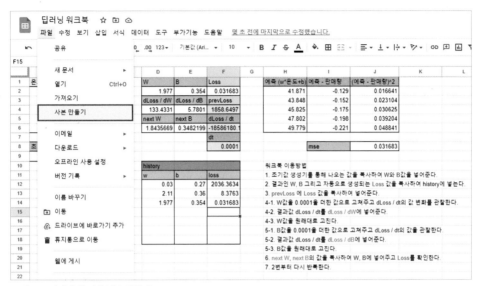

그림 5.2 딥러닝 워크북 사본 만들기

워크북 이용 방법

딥러닝 워크북 오른쪽 아래에 이용 방법을 적어 두었으니 먼저 살펴보시기 바랍니다.

📋 **워크북 이용방법**

1. 초깃값 생성기를 통해 나오는 값을 복사하여 W와 B값을 넣어준다.

2. 결과인 W, B 그리고 자동으로 생성되는 Loss 값을 복사하여 history에 넣는다.

3. prevLoss에 Loss 값을 복사하여 넣어준다.

4-1. W를 0.0001을 더한 값으로 고쳐주고 dLoss / dt의 값 변화를 관찰한다.

4-2. 결괏값 dLoss / dt를 dLoss / dW에 넣어준다.

4-3. W 값을 원래대로 고친다.

5-1. B 값을 0.0001을 더한 값으로 고쳐주고 dLoss / dt의 값을 관찰한다.

5-2. 결괏값 dLoss / dt를 dLoss / dB에 넣어준다.

5-3. B 값을 원래대로 고친다.

6. next W, next B의 값을 복사해 W, B에 넣어주고 Loss를 확인한다.

7. 2번부터 다시 반복한다.

이제 설명을 해보겠습니다.

왼쪽 위의 데이터는 우리가 익히 보았던 레모네이드 데이터죠. 독립변수가 온도, 종속변수가 판매량인 데이터입니다.

온도	판매량
21	42
22	44
23	46
24	48
25	50

그림 5.3 딥러닝 워크북의 레모네이드 데이터

다음으로 살펴볼 것은 히스토리(history)입니다. 앞에서 model.fit으로 학습을 시키면 화면에 출력되는 손실(loss)이 점차 떨어졌는데, 그와 같은 내용이라고 보면 됩니다. 워크북에서도 손실이 2036에서 8로, 다시 0으로 떨어지는 것을 볼 수 있습니다. 이 히스토리를 직접 만들어 보겠습니다.

history		
w	b	loss
0.03	0.27	2036.3634
2.11	0.36	8.3763
1.977	0.354	0.031683

그림 5.4 딥러닝 워크북의 history

이제부터 드릴 설명은 조금 어렵게 느껴질 수도 있습니다. 왜냐하면 수식이 눈에 보이지는 않지만 이 각각을 계산하는 과정에 수식이 다 들어가 있고 그 개념들을 설명하는 데 있어서 수학적인 설명이 조금 필요하거든요. 그래서 난이도가 조금 높게 느껴질 수도 있겠습니다. 너무 어렵다면 도중에 그만두셔도 전혀 문제가 되지 않습니다.

'Loss가 떨어지면 학습이 되고 있고 Loss가 충분히 떨어졌을 때 학습이 끝난 거다'라는 사실만 알고 있으면 여기서 벌어지는 일은 몰라도 괜찮습니다. 왜냐하면 컴퓨터가 자동으로 계산해주기 때문입니다.

그런데 우리가 지금부터 배우려는 이유는 그 안을 들여다 보고 싶기 때문입니다. '꼭 배워야한다, 배우지 않으면 큰일난다'라는 생각에 몰두하지는 마시고, 배울 필요가 전혀 없지만 궁금하니까 조금 들여다 본다는 생각으로 이 수업을 따라와주시면 되겠습니다. 그럼 시작해 보겠습니다.

초기화

① 히스토리를 지웁니다(D12:F18).

② W와 B 값을 0으로 수정합니다(D2, E2).

③ **dLoss / dW**와 **dLoss / dB** 값을 지웁니다(D4, E4).

이제 학습시킬 준비가 끝났습니다.

	D	E	F
1	W	B	Loss
2	0	0	2124
3	dLoss / dW	dLoss / dB	prevLoss
4			7.497228
5	next W	next B	dLoss / dt
6	0	0	21165027.7
7			dt
8			0.0001
9			
10	history		
11	w	b	loss
12			
13			
14			
15			
16			
17			
18			

그림 5.5 딥러닝 워크북 준비

첫 번째 히스토리

워크북 이용 방법을 따라서 시작해보겠습니다.

Step 1. 초깃값 생성기를 통해 나오는 값을 복사하여 W와 B값을 넣어준다.

01. 초깃값 생성기를 통해 나오는 값을 복사합니다(A9).[1]

	A
8	초기값 생성기
9	0.12
10	

그림 5.6 딥러닝 워크북 첫 번째 히스토리 Step 1 – ① 초깃값 생성기의 값을 복사

02. 복사한 값을 W에 붙여넣습니다(D2). 이때 수식이 아니라 결괏값만 사용할 것이므로 마우스 오른쪽 버튼을 클릭하고 **값만 붙여넣기**를 선택합니다.

---

1 (엮은이) 무작위 값이 생성되므로 실행할 때마다 숫자가 다르게 나옵니다.

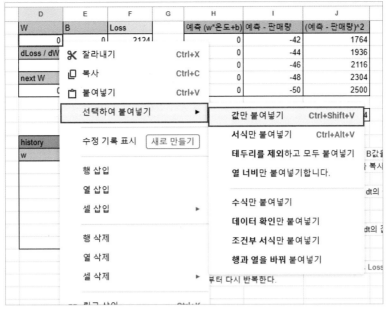

	D	E	F	G	H	I	J
	W	B	Loss		예측 (w*온도+b)	예측 - 판매량	(예측 - 판매량)^2
	0	0	2124		0	-42	1764
	dLoss / dW	✂ 잘라내기		Ctrl+X	0	-44	1936
					0	-46	2116
	next W	📋 복사		Ctrl+C	0	-48	2304
	0	📋 붙여넣기		Ctrl+V	0	-50	2500
		선택하여 붙여넣기 ▶			값만 붙여넣기	Ctrl+Shift+V	
	history	수정 기록 표시 [새로 만들기]			서식만 붙여넣기	Ctrl+Alt+V	
	w				테두리를 제외하고 모두 붙여넣기		
		행 삽입			열 너비만 붙여넣기합니다.		
		열 삽입					
		셀 삽입 ▶			수식만 붙여넣기		
					데이터 확인만 붙여넣기		
		행 삭제			조건부 서식만 붙여넣기		
		열 삭제			행과 열을 바꿔 붙여넣기		
		셀 삭제 ▶					

	D	E	F
1	W	B	Loss
2	0.12	0	1876.7664
3	dLoss / dW	dLoss / dB	prevLoss
4			7.028832
5	next W	next B	dLoss / dt
6	0.12	0	18697375.6
7			dt
8			0.0001

그림 5.7 딥러닝 워크북 첫 번째 히스토리 Step 1 – ② 복사한 초깃값을 W에 붙여넣기

03. 초깃값 생성기의 값을 다시 한번 복사합니다(A9).[2]

	A
8	초기값 생성기
9	0.21
10	

그림 5.8 딥러닝 워크북 첫 번째 히스토리 Step 1 – ③ 초깃값 생성기의 값을 복사

---

2 (엮은이) 새로운 무작위 값이 생성됩니다.

04. 복사한 값을 B에 붙여넣습니다(E2).

	D	E	F
1	W	B	Loss
2	0.12	0.21	1858.6497
3	dLoss / dW	dLoss / dB	prevLoss
4			7.028832
5	next W	next B	dLoss / dt
6	0.12	0.21	18516208.6
7			dt
8			0.0001

그림 5.9 딥러닝 워크북 첫 번째 히스토리 Step 1 – ④ 복사한 초깃값을 B에 붙여넣기

Step 2. 결과인 W, B 그리고 자동으로 생성되는 Loss 값을 복사하여 history에 넣는다.

01. W, B, Loss 값을 복사합니다(D2:F2).

	D	E	F
1	W	B	Loss
2	0.12	0.21	1858.6497
3	dLoss / dW	dLoss / dB	prevLoss
4			7.028832
5	next W	next B	dLoss / dt
6	0.12	0.21	18516208.6
7			dt
8			0.0001

그림 5.10 딥러닝 워크북 첫 번째 히스토리 Step 2 – ① W, B, Loss 값을 복사

02. 복사한 W, B, Loss 값을 히스토리에 붙여넣습니다(D12:F12).

	D	E	F
11	w	b	loss
12	0.12	0.21	1858.6497
13			
14			
15			
16			
17			
18			
19			

그림 5.11 딥러닝 워크북 첫 번째 히스토리 Step 2 – ② 복사한 W, B, Loss 값을 history에 붙여넣기

Step 3. prevLoss에 Loss 값을 복사하여 넣어준다.

01. Loss 값을 복사합니다(F2).

	D	E	F
1	W	B	Loss
2	0.12	0.21	1858.6497
3	dLoss / dW	dLoss / dB	prevLoss
4			7.028832
5	next W	next B	dLoss / dt
6	0.12	0.21	18516208.6
7			dt
8			0.0001

그림 5.12 딥러닝 워크북 첫 번째 히스토리 Step 3 – ① Loss 값을 복사

02. 복사한 값을 prevLoss에 붙여넣습니다(F4).

	D	E	F
1	W	B	Loss
2	0.12	0.21	1858.6497
3	dLoss / dW	dLoss / dB	prevLoss
4			1858.6497
5	next W	next B	dLoss / dt
6	0.12	0.21	0
7			dt
8			0.0001

그림 5.13 딥러닝 워크북 첫 번째 히스토리 Step 3 – ② 복사한 Loss 값을 prevLoss에 붙여넣기

📋 **Loss 값**

아직 학습이 끝나진 않은 상태로 랜덤하게 찾아진 모델에 의한 예측 결과가 **예측 (w∗온도+b)** 열에 있습니다(H2:H6). 그리고 이 결괏값을 실제 판매량과 비교해 얼마나 차이가 나는지를 **예측 – 판매량** 셀에 계산해두었습니다(I2:I6). 이 값을 제곱해서(J2:J6) 평균을 낸 것이 mse(mean square error)라고 해서, 우리가 Loss로 사용한 값입니다(J8).

	H	I	J
1	예측 (w∗온도+b)	예측 – 판매량	(예측 – 판매량)^2
2	2.73	-39.27	1542.1329
3	2.85	-41.15	1693.3225
4	2.97	-43.03	1851.5809
5	3.09	-44.91	2016.9081
6	3.21	-46.79	2189.3041
7			
8		mse	1858.6497

그림 5.14 딥러닝 워크북의 Loss 값 계산

Step 4-1. W값을 0.0001을 더한 값으로 고쳐주고 dLoss / dt의 값 변화를 관찰한다.

자, 그럼 이제 **W** 값과 **B** 값을 학습시켜 봅시다.

01. **W** 값을 학습시키기 위해서는 미분을 통해서 **W**가 어떤 방향으로 가야 Loss 값을 작게 만들 수 있는지 그 방향을 찾아야 합니다. **W**를 아주 조금 키울 겁니다. 아주 조금 키웠는데 Loss 값이 커지면 **W**는 어떻게 돼야 할까요? **W**를 키웠더니 Loss 값이 커졌는데, 우리는 Loss 값을 낮추는 게 목적이므로 **W**를 낮춰야 한다는 결론이 나옵니다. 반대로 **W**를 키웠는데 Loss 값이 작아지면 그때는 **W**를 키워야 한다는 방향이 나오는 거죠. 그래서 지금 우리가 미분값으로 사용할 값(**dt**)를 적어 두었습니다(F8). **W** 값을 0.0001만큼 키울 것입니다.

	D	E	F	G	H	I	J
1	W	B	Loss		예측 (w*온도+b)	예측 - 판매량	(예측 - 판매량)^2
2	0.12	0.21	1858.6497		2.73	-39.27	1542.1329
3	dLoss / dW	dLoss / dB	prevLoss		2.85	-41.15	1693.3225
4			1858.6497		2.97	-43.03	1851.5809
5	next W	next B	dLoss / dt		3.09	-44.91	2016.9081
6	0.12	0.21	0		3.21	-46.79	2189.3041
7			dt				
8			0.0001			mse	1858.6497

그림 5.15 딥러닝 워크북 첫 번째 히스토리 Step 4–1 – ① dt 값 확인

02. **W**를 키워보겠습니다. 0.0001만큼 키웠더니 Loss 값이 변했죠? 이 Loss 값이 1858.6에서 1858.4로 작아졌습니다(F2).

	D	E	F	G	H	I	J
1	W	B	Loss		예측 (w*온도+b)	예측 - 판매량	(예측 - 판매량)^2
2	0.1201	0.21	1858.45101		2.7321	-39.2679	1541.96797
3	dLoss / dW	dLoss / dB	prevLoss		2.8522	-41.1478	1693.141445
4			1858.6497		2.9723	-43.0277	1851.382967
5	next W	next B	dLoss / dt		3.0924	-44.9076	2016.692538
6	0.1201	0.21	-1986.8469		3.2125	-46.7875	2189.070156
7			dt				
8			0.0001			mse	1858.451015

그림 5.16 딥러닝 워크북 첫 번째 히스토리 Step 4–1 – ② W 값 변경

Step 4-2. 결괏값 dLoss / dt를 dLoss / dW에 넣어준다.

W를 키웠더니 손실이 작아졌으므로 **W**가 다음번에는 커져야 합니다. 이때 세 번째 행의 **dLoss / dt** 값을 사용합니다(F6). 이것은 **W**를 조금 키웠을 때 손실이 변하는 손실의 미분 값입니다. 그래서 Loss 값과 **prevLoss** 값의 차이를 미분 값(**dt**)으로 나눠주면 이 값이 나옵니다.

01. `dLoss /dt` 값을 복사합니다(F6).

F6		▾	$f\!x$	=(F2-F4) / F8	
		D	E	F
1	W		B	Loss
2		0.1201	0.21	1858.45101
3	dLoss / dW		dLoss / dB	prevLoss
4				1858.6497
5	next W		next B	dLoss / dt
6		0.1201	0.21	-1986.8469
7				dt
8				0.0001

그림 5.17 딥러닝 워크북 첫 번째 히스토리 Step 4–2 – ① dLoss / dt 값을 복사

02. 복사한 값을 `dLoss / dW`에 붙여넣습니다(D4). 그렇게 하면 W에 대한 **Loss**의 미분값이 여기에 적히는 거고, 이 값에 의해서 `next W`값이 계산됩니다(D6). 원래 값이 0.1이었으므로 여기를 기준으로 다음 W 값이 계산됩니다. `next W` 값을 찾았습니다!

		D	E	F
1	W		B	Loss
2		0.1201	0.21	1858.45101
3	dLoss / dW		dLoss / dB	prevLoss
4	-1986.8469			1858.6497
5	next W		next B	dLoss / dt
6	2.1069469		0.21	-1986.8469
7				dt
8				0.0001

그림 5.18 딥러닝 워크북 첫 번째 히스토리 Step 4–2 – ② dLoss / dW에 붙여넣기

Step 4-3. W값을 원래대로 고친다.

W 값을 0.1201에서 0.12로 수정합니다(D2).

		D	E	F
1	W		B	Loss
2		0.12	0.21	1858.6497
3	dLoss / dW		dLoss / dB	prevLoss
4	-1986.8469			1858.6497
5	next W		next B	dLoss / dt
6	2.1068469		0.21	0
7				dt
8				0.0001

그림 5.19 딥러닝 워크북 첫 번째 히스토리 Step 4–3 – W값을 원래대로 고치기

Step 5-1. B 값을 0.001을 더한 값으로 고쳐주고 dLoss / dt의 값을 관찰한다.

이번에는 B 값을 아주 조금 키워줍니다.

	D	E	F	G	H	I	J
1	W	B	Loss		예측 (w*온도+b)	예측 - 판매량	(예측 - 판매량)^2
2	0.12	0.2101	1858.64109		2.7301	-39.2699	1542.125046
3	dLoss / dW	dLoss / dB	prevLoss		2.8501	-41.1499	1693.31427
4	-1986.8469		1858.6497		2.9701	-43.0299	1851.572294
5	next W	next B	dLoss / dt		3.0901	-44.9099	2016.899118
6	2.1068469	0.2101	-86.0599		3.2101	-46.7899	2189.294742
7			dt				
8			0.0001			mse	1858.641094
9							

그림 5.20 딥러닝 워크북 첫 번째 히스토리 Step 5–1 – B 값 변경 후

이전에는 Loss 값이 1858.6497이었는데 B 값을 키웠더니 1858.64109로 작아졌습니다. B 값을 키웠는데 Loss 값이 작아졌으니까, B 값은 커져야겠네요.

Step 5-2. 결괏값 dLoss / dt를 dLoss / dB에 넣어준다.

01. dLoss / dt 값을 복사합니다(F6).

	D	E	F
1	W	B	Loss
2	0.12	0.2101	1858.64109
3	dLoss / dW	dLoss / dB	prevLoss
4	-1986.8469		1858.6497
5	next W	next B	dLoss / dt
6	2.1068469	0.2101	-86.0599
7			dt
8			0.0001

그림 5.21 딥러닝 워크북 첫 번째 히스토리 Step 5–2 – ① dLoss / dt 복사

02. 복사한 값을 dLoss / dB에 붙여넣습니다(E4). 0.21이었던 B 값이(E2) next B에서는 0.29로 높아졌습니다(E6).

	D	E	F
1	W	B	Loss
2	0.12	0.2101	1858.64109
3	dLoss / dW	dLoss / dB	prevLoss
4	-1986.8469	-86.0599	1858.6497
5	next W	next B	dLoss / dt
6	2.1068469	0.2961599	-86.0599
7			dt
8			0.0001

그림 5.22 딥러닝 워크북 첫 번째 히스토리 Step 5–2 – ② dLoss / dB에 붙여넣기

Step 5-3. B 값을 원래대로 고친다.

Step 6. next W, next B의 값을 복사하여 W, B에 넣어주고 Loss를 확인한다.

01. `next W`, `next B`가 바로 다음 히스토리입니다. 두 값을 복사합니다.

	D	E	F
1	W	B	Loss
2	0.12	0.2101	1858.64109
3	dLoss / dW	dLoss / dB	prevLoss
4	-1986.8469	-86.0599	1858.6497
5	next W	next B	dLoss / dt
6	2.1068469	0.2961599	-86.0599
7			dt
8			0.0001

그림 5.23 딥러닝 워크북 첫 번째 히스토리 Step 6 – ① next W, next B 복사

02. 복사한 값을 W와 B에 붙여넣습니다. 그러면 그 값들에 의해서 계산된 Loss 값을 확인할 수 있습니다.

	D	E	F	G	H	I	J
1	W	B	Loss		예측 (w*온도+b)	예측 - 판매량	(예측 - 판매량)^2
2	2.1068469	0.2961599	7.60535805		44.5399448	2.5399448	6.451319587
3	dLoss / dW	dLoss / dB			46.6467917	2.6467917	7.005506303
4	-1986.8469	-86.0599	7		48.7536386	2.7536386	7.582525539
5	next W	next B	dLoss / dt		50.8604855	2.8604855	8.182377296
6	4.0936938	0.3822198	-18510443.4		52.9673324	2.9673324	8.805061572
7			dt				
8			0.0001		mse	7.605358059

그림 5.24 딥러닝 워크북 첫 번째 히스토리 Step 6 – ② W, B에 붙여넣기

Step 7. 2번부터 다시 반복한다.

두 번째 히스토리

Step 2. 결과인 W, B 그리고 자동으로 생성되는 Loss 값을 복사하여 history에 넣는다.

01. W 값과 B 값의 소수점 아래가 너무 길므로 소수점 아래 셋째 자리에서 잘라줍니다.

	D	E	F
1	W	B	Loss
2	2.106	0.296	7.497228
3	dLoss / dW	dLoss / dB	prevLoss
4	-1986.8469	-86.0599	1858.6497
5	next W	next B	dLoss / dt
6	4.0928469	0.3820599	-18511524.7
7			dt
8			0.0001

그림 5.25 딥러닝 워크북 두 번째 히스토리 Step 2 - ① W와 B 값을 소수점 셋째 자리에서 자르기

02. W, B, Loss 값을 복사합니다.

	D	E	F
1	W	B	Loss
2	2.106	0.296	7.497228
3	dLoss / dW	dLoss / dB	prevLoss
4	-1986.8469	-86.0599	1858.6497
5	next W	next B	dLoss / dt
6	4.0928469	0.3820599	-18511524.7
7			dt
8			0.0001

그림 5.26 딥러닝 워크북 두 번째 히스토리 Step 2 - ② W와 B 값을 복사

03. 복사한 값을 히스토리의 두 번째 행에 붙여넣습니다.

	D	E	F
1	W	B	Loss
2	2.106	0.296	7.497228
3	dLoss / dW	dLoss / dB	prevLoss
4	-1986.8469	-86.0599	1858.6497
5	next W	next B	dLoss / dt
6	4.0928469	0.3820599	-18511524.7
7			dt
8			0.0001
9			
10	history		
11	w	b	loss
12	0.12	0.21	1858.6497
13	2.106	0.296	7.497228
14			
15			
16			
17			
18			

그림 5.27 딥러닝 워크북 두 번째 히스토리 Step 2 - ③ 복사한 W, B, Loss 값을 두 번째 히스토리에 붙여넣기

Step 3. prevLoss에 Loss 값을 복사하여 넣어준다.

01. Loss 값을 복사합니다.

	D	E	F
1	W	B	Loss
2	2.106	0.296	7.497228
3	dLoss / dW	dLoss / dB	prevLoss
4	-1986.8469	-86.0599	1858.6497
5	next W	next B	dLoss / dt
6	4.0928469	0.3820599	-18511524.7
7			dt
8			0.0001

그림 5.28 딥러닝 워크북 두 번째 히스토리 Step 3 – ① Loss 값을 복사

02. 복사한 값을 prevLoss에 붙여넣습니다.

	D	E	F
1	W	B	Loss
2	2.106	0.296	7.497228
3	dLoss / dW	dLoss / dB	prevLoss
4	-1986.8469	-86.0599	7.497228
5	next W	next B	dLoss / dt
6	4.0928469	0.3820599	0
7			dt
8			0.0001

그림 5.29 딥러닝 워크북 두 번째 히스토리 Step 3 – ② prevLoss에 붙여넣기

그럼 이제 이 다음 **W**와 **B**를 찾기 위한 작업을 시작하면 되겠죠?

Step 4-1. W값을 0.0001을 더한 값으로 고쳐주고 dLoss / dt의 값 변화를 관찰한다.

W를 2.1061로 수정합니다.

	D	E	F
1	W	B	Loss
2	2.1061	0.296	7.50985211
3	dLoss / dW	dLoss / dB	prevLoss
4	-1986.8469	-86.0599	7.497228
5	next W	next B	dLoss / dt
6	4.0929469	0.3820599	126.2411
7			dt
8			0.0001

그림 5.30 딥러닝 워크북 두 번째 히스토리 Step 4-1 – W 값 변경

prevLoss보다 Loss 값이 커졌습니다. **W** 값을 키웠는데 Loss 값이 커졌으니까 **W** 값은 커지면 안 되겠죠? **W** 값이 작아져야 합니다.

Step 4-2. 결괏값 dLoss / dt를 dLoss / dW에 넣어준다.

01. 미분값(`dLoss / dt`)을 복사합니다.

	D	E	F
1	W	B	Loss
2	2.1061	0.296	7.50985211
3	dLoss / dW	dLoss / dB	prevLoss
4	-1986.8469	-86.0599	7.497228
5	next W	next B	dLoss / dt
6	4.0929469	0.3820599	126.2411
7			dt
8			0.0001

그림 5.31 딥러닝 워크북 두 번째 히스토리 Step 4-2 – ① dLoss / dt 값을 복사

02. 복사한 값을 `dLoss / dW`에 붙여넣습니다.

	D	E	F
1	W	B	Loss
2	2.1061	0.296	7.50985211
3	dLoss / dW	dLoss / dB	prevLoss
4	126.2411	-86.0599	7.497228
5	next W		dLoss / dt
6	1.9798589	.9	126.2411
7			dt
8			0.0001

그림 5.32 딥러닝 워크북 두 번째 히스토리 Step 4-2 – ② dLoss / dW에 붙여넣기

W 값이 2.10이었는데 `next W` 값은 1.97로 낮아졌습니다.

Step 4-3. W 값을 원래대로 고친다.

W 값을 2.1061에서 2.106으로 수정합니다.

	D	E	F
1	W	B	Loss
2	2.106	0.296	7.497228
3	dLoss / dW	dLoss / dB	prevLoss
4	126.2411	-86.0599	7.497228
5	next W	next B	dLoss / dt
6	1.9797589	0.3820599	0
7			dt
8			0.0001

그림 5.33 딥러닝 워크북 두 번째 히스토리 Step 4-3 – W 값을 원래대로 고치기

Step 5-1. B값을 0.0001을 더한 값으로 고쳐주고 dLoss / dt의 값을 관찰한다.

B의 값을 또 키워 봅시다.

	D	E	F
1	W	B	Loss
2	2.106	0.2961	7.49777481
3	dLoss / dW	dLoss / dB	prevLoss
4	126.2411	-86.0599	7.497228
5	next W	next B	dLoss / dt
6	1.9797589	0.3821599	5.4681
7			dt
8			0.0001

그림 5.34 딥러닝 워크북 두 번째 히스토리 Step 5-1 – B 값을 0.0001을 더한 값으로 고치기

Loss 값이 7.4972...에서 7.4977...로 커졌네요. 그러니까 **B**도 작아져야 합니다.

Step 5-2. 결괏값 dLoss / dt를 dLoss / dB에 넣어준다.

01. `dLoss / dt` 값을 복사합니다.

	D	E	F
1	W	B	Loss
2	2.106	0.2961	7.49777481
3	dLoss / dW	dLoss / dB	prevLoss
4	126.2411	-86.0599	7.497228
5	next W	next B	dLoss / dt
6	1.9797589	0.3821599	5.4681
7			dt
8			0.0001

그림 5.35 딥러닝 워크북 두 번째 히스토리 Step 5-2 – ① dLoss / dt 값을 복사

02. 복사한 값을 `dLoss / dB`에 붙여넣습니다(E4).

	D	E	F
1	W	B	Loss
2	2.106	0.2961	7.49777481
3	dLoss / dW	dLoss / dB	prevLoss
4	126.2411	5.4681	7.497228
5	next W	next B	
6	1.9797589	0.2906319	
7			dt
8			0.0001

그림 5.36 딥러닝 워크북 두 번째 히스토리 Step 5-2 – ② dLoss / dt 값을 복사

Step 5-3. B 값을 원래대로 고친다.

B 값을 0.296으로 수정합니다.

	D	E	F
1	W	B	Loss
2	2.106	0.296	7.497228
3	dLoss / dW	dLoss / dB	prevLoss
4	126.2411	5.4681	7.497228
5	next W	next B	dLoss / dt
6	1.9797589	0.2905319	0
7			dt
8			0.0001

그림 5.37 딥러닝 워크북 두 번째 히스토리 Step 5-3 – B 값을 원래대로 고치기

그럼 B 값은 0.296에서 next B 값은 0.290으로 작아졌습니다.

Step 6. next W, next B의 값을 복사하여 W, B에 넣어주고 Loss를 확인한다.

next W와 next B 값이 바로 세 번째로 찾은 W와 B 값입니다.

	D	E	F
1	W	B	Loss
2	2.106	0.296	7.497228
3	dLoss / dW	dLoss / dB	prevLoss
4	126.2411	5.4681	7.497228
5	next W	next B	dLoss / dt
6	1.9797589	0.2905319	0
7			dt
8			0.0001

그림 5.38 딥러닝 워크북 두 번째 히스토리 Step 6 – ① next W, next B 복사

	D	E	F
1	W	B	Loss
2	1.9797589	0.2905319	0.03144909
3	dLoss / dW	dLoss / dB	
4	126.2411	5.4681	8
5	next W	next B	dLoss / dt
6	1.8535178	0.2850638	-74657.7890
7			dt
8			0.0001

그림 5.39 딥러닝 워크북 두 번째 히스토리 Step 6 – ② W, B에 붙여넣기

Step 7. 2번부터 다시 반복한다.

세 번째 히스토리

Step 2. 결과인 W, B 그리고 자동으로 생성되는 Loss 값을 복사하여 history에 넣는다.

01. W와 B 값을 소수점 셋째 자리에서 잘라줍니다.

	D	E	F
1	W	B	Loss
2	1.979	0.29	0.038131
3	dLoss / dW	dLoss / dB	prevLoss
4	126.2411	5.4681	7.497228
5	next W	next B	dLoss / dt
6	1.8527589	0.2845319	-74590.97
7			dt
8			0.0001

그림 5.40 딥러닝 워크북 세 번째 히스토리 Step 2 – ① W와 B 값을 소수점 셋째 자리에서 자르기

02. W, B, Loss 값을 복사합니다.

	D	E	F
1	W	B	Loss
2	1.979	0.29	0.038131
3	dLoss / dW	dLoss / dB	prevLoss
4	126.2411	5.4681	7.497228
5	next W	next B	dLoss / dt
6	1.8527589	0.2845319	-74590.97
7			dt
8			0.0001

그림 5.41 딥러닝 워크북 세 번째 히스토리 Step 2 – ② W와 B 값을 복사

03. 복사한 값을 히스토리의 세 번째 행에 붙여넣습니다.

	D	E	F
1	W	B	Loss
2	1.979	0.29	0.038131
3	dLoss / dW	dLoss / dB	prevLoss
4	126.2411	5.4681	7.497228
5	next W	next B	dLoss / dt
6	1.8527589	0.2845319	-74590.97
7			dt
8			0.0001
9			
10	history		
11	w	b	loss
12	0.12	0.21	1858.6497
13	2.106	0.296	7.497228
14	1.979	0.29	0.038131
15			
16			

그림 5.42 딥러닝 워크북 세 번째 히스토리 Step 2 – ③ 복사한 W, B, Loss 값을 두 번째 히스토리에 붙여넣기

이렇게 해서 세 번째 히스토리도 결정되었습니다. `loss`가 처음에는 1858이었다가 7로 떨어졌고 그다음에는 0.03으로 떨어졌습니다.

정리

모든 딥러닝 모델들이 동작하는 원리가 지금 보신 이 과정에서 벗어나지 않습니다. 놀랍죠? 그 마법을 만들어 내는 원리였습니다.

딥러닝의 원리를 완전히 정복하셨습니다. 수고하셨습니다.

06장

세 번째 딥러닝:
붓꽃 품종 분류

붓꽃(iris)의 특징을 나타낸 데이터를 살펴보고,
원핫 인코딩과 소프트맥스에 대해 알아본 다음,
붓꽃 품종을 분류하는 머신러닝 모델을 만들어봅니다.

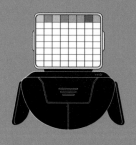

이번 장에서는 붓꽃(iris)의 품종을 분류합니다.

여러분이 식물학자로서 식물들의 생태계를 연구한다고 합시다. '좋은 소식', '사랑의 메시지'라는 꽃말을 가진 붓꽃에 특히 관심이 많은 당신은 붓꽃이 마냥 좋아서, 한가할 때면 붓꽃이 피는 아름다운 모습을 찾아봅니다.

붓꽃의 품종

붓꽃은 여러 가지 종류가 있고 종류에 따라 꽃의 크기가 다릅니다. 영어로 꽃잎은 Petal, 꽃받침은 Sepal이라고 합니다.

그림 6.1 붓꽃의 품종과 부위별 명칭[1]

붓꽃 데이터

붓꽃의 꽃잎과 꽃받침의 크기를 관찰했고 관찰한 결과를 데이터로 정리했습니다. 다음 주소에서 데이터를 확인할 수 있습니다.

---

1 https://www.datacamp.com/community/tutorials/machine-learning-in-r

- https://github.com/blackdew/tensorflow1/blob/master/csv/iris.csv
  (단축 주소: https://bit.ly/2DJ9TQJ)

데이터를 잠깐 살펴봅시다. '꽃잎폭과 길이, 꽃받침의 폭과 길이 이렇게 4개의 칼럼을 독립변수로 하고 꽃의 품종을 종속변수로 하면 되겠구나.'라는 느낌이 오시나요? 꽃잎과 꽃의 크기를 가지고 붓꽃 품종을 구분하는 모델을 구현하면 되겠네요.

그런데 붓꽃 데이터는 레모네이드나 보스턴 집값 데이터와는 차이가 있습니다. 우리가 이전에 사용한 데이터는 종속변수가 판매량, 집값 같은 수치형 변수였는데요, 붓꽃 데이터의 종속변수는 숫자가 아니라 품종을 나타내는 범주형 데이터입니다.

		꽃잎길이	꽃잎폭	꽃받침길이	꽃받침폭	품종
Executable File	151 lines (151 sloc)	3.77 KB			Raw	Blame
1		꽃잎길이	꽃잎폭	꽃받침길이	꽃받침폭	품종
2		5.1	3.5	1.4	0.2	setosa
3		4.9	3.0	1.4	0.2	setosa
4		4.7	3.2	1.3	0.2	setosa
5		4.6	3.1	1.5	0.2	setosa
6		5.0	3.6	1.4	0.2	setosa
7		5.4	3.9	1.7	0.4	setosa
8		4.6	3.4	1.4	0.3	setosa
9		5.0	3.4	1.5	0.2	setosa

그림 6.2 붓꽃 데이터

앞선 수업에서 이미 배웠지만 다시 한번 확인해보시죠.

회귀와 분류를 나누는 기준은 종속변수의 데이터 타입입니다.

종속변수가 양적 데이터인 경우에는 회귀 문제입니다. 회귀 알고리즘을 사용합니다.

종속변수가 범주형 데이터인 경우에는 분류 문제입니다. 분류 알고리즘을 사용합니다. 붓꽃 분류는 종속변수가 범주형이니 분류 문제입니다.

온도	판매량
20	40
21	42
22	44
23	46

양적 ➡ **회귀**
regression

공부시간	시험결과
20	불합격
21	불합격
22	합격
23	합격

범주형 ➡ **분류**
classification

그림 6.3 회귀와 분류

코드

자, 그럼 딥러닝을 분류 모델로 구성하는 코드를 만나봅시다. 이번에도 그림을 가지고 시작하 겠습니다. 우리는 이런 과정을 통해 딥러닝 모델을 완성합니다. 과거의 데이터를 준비하고 모 델의 구조를 만들고 데이터로 모델을 학습하고 모델을 이용합니다.

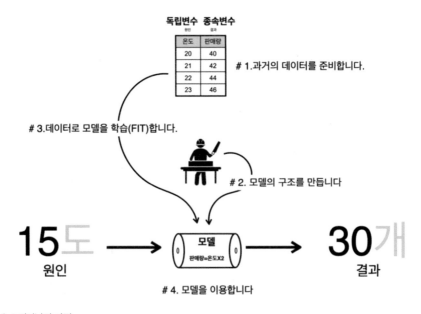

그림 6.4 딥러닝의 과정

이번에도 각 단계에 해당하는 코드 전체를 먼저 구경해보겠습니다. 이전에 작성했던 부분과 무엇이 다른지 생각하면서 살펴보세요.

```
01 # 1. 과거의 데이터를 준비합니다.
02 아이리스 = pd.read_csv('iris.csv')
03 아이리스 = pd.get_dummies(아이리스)
04
05 독립 = 아이리스[['꽃잎길이', '꽃잎폭', '꽃받침길이', '꽃받침폭']]
06 종속 = 아이리스[['품종_setosa', '품종_versicolor', '품종_virginica']]
07 print(독립.shape, 종속.shape)
08
09 # 2. 모델의 구조를 만듭니다.
10 X = tf.keras.layers.Input(shape=[4])
11 Y = tf.keras.layers.Dense(3, activation='softmax')(X)
12 model = tf.keras.models.Model(X, Y)
13 model.compile(loss='categorical_crossentropy')
14
15 # 3. 데이터로 모델을 학습(fit)합니다.
16 model.fit(독립, 종속, epochs=1000)
17
18 # 4. 모델을 이용합니다.
19 print("Predictions:", model.predict(독립[0:5]))
```

데이터를 준비하는 부분은 조금 바뀌었습니다.

1~7행: 아이리스 파일로부터 데이터를 읽어들인 후에 독립변수와 종속변수를 나눴는데요, 그 사이에 코드가 한 줄 추가돼 있습니다.

9~13행: 모델을 구성하는 부분도 많이 바뀌었습니다. 먼저 독립변수의 개수가 4개이고 종속 변수에 개수가 3개입니다. 그리고 Dense의 activation 매개변수와 compile()의 loss 매개변 수가 바뀌었습니다. 이러한 변경 부분이 바로 분류 모델로 만들어 주는 부분입니다. 회귀 문 제의 모델과 어떤 차이점이 있는지 눈여겨봐주세요.

찬찬히 살펴보셨나요? 그러면 함께 분류 문제 모델 속으로 들어가보겠습니다.

02 원핫 인코딩

붓꽃 데이터 중 관측치 몇 개를 가져와봤습니다.[2]

꽃잎 길이	꽃잎 폭	꽃받침 길이	꽃받침 폭	품종
5.1	3.5	1.4	0.2	setosa
4.9	3	1.4	0.2	virginica
4.7	3.2	1.3	0.2	versicolor
4.6	3.1	1.5	0.2	setosa

모델의 모형인 퍼셉트론과 수식을 만들어 봅시다.

독립변수가 4개입니다. 입력층에서는 4개의 입력을 받습니다. 종속변수는 1개네요.

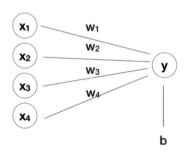

그림 6.5 독립변수가 4개, 종속변수가 1개인 퍼셉트론

예측값을 하나 만들 것이고 이런 모양은 다음과 같은 수식으로 표현할 수 있겠습니다.

$$y = w_1 x_1 + w_2 x_2 + w_3 x_3 + w_4 x_4 + b$$

2　(엮은이) 강의 영상의 표에 두 번째와 세 번째 품종이 잘못 들어 있어서 수정했습니다.

그런데 뭔가 이상한 게 느껴지시나요? 종속변수의 값이 범주형입니다. 숫자가 아닌 것이 수식의 결과로 나올 수는 없겠죠.

조금만 더 깊이 생각해보면 수식에서는 입력이든 출력이든 모두 숫자만 들어갈 수 있습니다. 이런 수식에 범주형 데이터를 사용할 수는 없습니다. 그럼 대체 어떻게 해야 할까요?

원핫 인코딩의 원리

범주형인 종속변수만 가져와봤습니다.

품종
setosa
virginica
versicolor
setosa
versicolor

이런 범주형 데이터는 수식에 사용할 수 있는 형태로 바꿔주는 과정을 거쳐야 합니다.

먼저 모든 범주를 칼럼으로 만들어줍니다.

품종		setosa	virginica	versicolor
setosa		0	0	0
virginica		0	0	0
versicolor		0	0	0
setosa		0	0	0
versicolor		0	0	0

지금은 범주가 setosa, virginica, versicolor 이렇게 3가지가 있으므로 3개의 칼럼이 생겼습니다. 모든 값이 0으로 돼 있는 상태에서, 첫 번째 데이터는 setosa이니 다음과 같이 setosa 칼럼을 1로 바꿔줍니다.

품종		setosa	virginica	versicolor
setosa	→	1	0	0
virginica		0	0	0
versicolor		0	0	0
setosa		0	0	0
versicolor		0	0	0

두 번째 데이터는 virginica입니다. virginica 칼럼을 1로 바꿔줍니다.

품종		setosa	virginica	versicolor
setosa		1	0	0
virginica	→	0	1	0
versicolor		0	0	0
setosa		0	0	0
versicolor		0	0	0

나머지 값에 대해서도 마찬가지로 각 범주에 해당하는 칼럼의 값을 바꿔줍니다.

품종		setosa	virginica	versicolor
setosa		1	0	0
virginica		0	1	0
versicolor	→	0	0	1
setosa	→	1	0	0
versicolor	→	0	0	1

이렇게 바꾸고 나니 데이터가 0 또는 1의 숫자 형태로 바뀌었습니다. 이렇게 범주형 데이터를 1과 0의 데이터로 바꿔주는 과정을 **원핫 인코딩**(one-hot encoding)이라고 합니다. 딥러닝 모델을 사용하기 위해서는 모든 범주형 변수를 원핫 인코딩해야 합니다.

데이터를 원핫 인코딩하는 코드

우리가 가진 데이터를 원핫 인코딩하는 코드를 확인해봅시다. 데이터를 로딩하는 코드입니다.

```
아이리스 = pd.read_csv('iris.csv')
```

이렇게 데이터를 읽어 들이면 모든 칼럼이 **아이리스**라는 변수에 들어 있겠죠. 범주형인 칼럼과 수치형인 칼럼이 섞여 있을 겁니다. 심지어 범주형 칼럼은 하나가 아니고 여러 개일 수도 있습니다.

원핫 인코딩을 적용하려면 뭔가 막 복잡한 코드를 배워야 할 것만 같은데요, 판다스에서 이 한 줄의 코드를 사용하면 데이터 내의 범주형 변수들만 골라서 모조리 원핫 인코딩된 결과를 만들어줍니다.

```
아이리스 = pd.get_dummies(아이리스)
```

꽃잎 길이	꽃잎 폭	꽃받침 길이	꽃받침 폭	품종.setosa	품종.virginica	품종.versicolor
5.1	3.5	1.4	0.2	1	0	0
4.9	3	1.4	0.2	0	1	0
4.7	3.2	1.3	0.2	0	0	1
4.6	3.1	1.5	0.2	1	0	0

너무 멋지죠? 감동적이지 않나요?

이제 독립변수와 종속변수만 분리하면 데이터의 준비가 끝납니다. 변형된 데이터를 가지고 모델을 구성해봅시다.

모델을 만드는 코드

독립변수가 4개네요. 입력층은 4개의 입력을 받아야 합니다. 원핫 인코딩이 되면서 종속변수의 개수가 3개가 되었습니다. setosa 칼럼을 위해 출력을 하나 만들어야 합니다.

setosa인지 아닌지 판단하는 수식이 하나 필요하겠네요. versicolor인지 아닌지 판단하는 출력과 수식도 필요하고, virginica 칼럼에 대해서도 마찬가지겠네요.

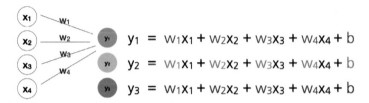

$$y_1 = w_1x_1 + w_2x_2 + w_3x_3 + w_4x_4 + b$$
$$y_2 = w_1x_1 + w_2x_2 + w_3x_3 + w_4x_4 + b$$
$$y_3 = w_1x_1 + w_2x_2 + w_3x_3 + w_4x_4 + b$$

그림 6.6 붓꽃을 분류하는 수식

컴퓨터는 3가지 수식의 가중치를 모두 찾아야 합니다. 그래서 모델을 만드는 코드에서 입력 부분과 출력 부분의 숫자가 다음과 같이 됩니다.

```
X = tf.keras.layers.Input(shape=[4])
Y = tf.keras.layers.Dense(3, activation='softmax')(X)
model = tf.keras.models.Model(X, Y)
model.compile(loss='categorical_crossentropy')
```

03 소프트맥스

아직 코드에 대한 궁금증이 완전히 풀리지 않았습니다. 소프트맥스(softmax)와 크로스엔트로피(crossentropy)에 대한 설명이 없었죠. 용어가 아주 어렵게 들립니다.

여기서는 용어의 정의나 원리, 수식을 살펴보지는 않습니다. '원리'를 아는 것은 사실 덜 중요합니다. 우리가 그보다 먼저 알아야 하는 부분은 이것들이 필요한 '이유'입니다.

우리가 만드는 분류 모델이 하는 일은 분류를 추측하는 일입니다. 분류를 추측하는 건 어떻게 표현할까요?

- 내일 비가 오거나, 오지 않거나 하는 분류가 있습니다. 우리는 "내일 비가 올 확률은 30%야"라고 표현합니다.

- 합격하거나, 합격하지 않거나 하는 분류가 있습니다. "합격할 확률은 99%야"라고 표현하죠.

- "동전의 앞면이 나올 확률은 50%야"라고 표현합니다.

우리는 이렇게 0%에서 100% 사이의 확률값으로 분류를 표현합니다.

분류 모델이 분류를 추측하는 것도 사람이 표현하듯 확률로 표현해주면 좋겠죠? 그렇게 만들어주는 도구가 바로 **시그모이드**(Sigmoid)와 **소프트맥스**(Softmax)입니다. 여기서는 소프트맥스만 사용합니다.

분류 예측

      Sigmoid
Softmax

30%   99%   50%   0% ~ 100%

그림 6.7 확률값으로 분류를 표현

시그모이드와 소프트맥스의 차이점은 숙제로 남겨 두겠습니다. 이 숙제는 책을 모두 보고 난 뒤에 시간을 두고 찾아보시길 권합니다. 학습의 어려움에 비해 효용이 크지 않기 때문입니다.

비율로 예측하기 위해 소프트맥스를 사용한다는 것만 알고 계셔도 모델을 사용하는 데 전혀 문제가 되지는 않습니다. 꾸준히 딥러닝에 대한 경험이 쌓이다 보면 이 지식이 아니면 해결이 안 되는 상황에 도달하실 것이고, 그때 자연스럽게 이 지식과 만나시길 바랍니다.

정답을 확률 표현으로 예측

우리는 컴퓨터가 정답을 확률 표현으로 예측하게 하고 싶습니다. 컴퓨터가 0과 1 사이의 결과를 내게 한 후 다음처럼 해석하는 것이죠.

세토사(setosa)가 1, 버지니카(virginica)가 0, 버시컬러(versicolor)가 0, 이렇게 결과를 내면 세토사일 확률이 100%라고 해석합니다.

품종.setosa	품종.virginica	품종.versicolor
1	0	0

세토사가 0.7, 버지니카가 0.3, 버시컬러가 0으로 결과를 내면 세토사일 확률이 70%고 버지니카일 확률은 30%라고 해석합니다.

품종.setosa	품종.virginica	품종.versicolor
0.7	0.3	0

0.2, 0.3, 0.5, 이렇게 결과가 나오면 세토사일 확률은 20%, 버지니카일 확률은 30%, 버시컬러일 확률은 50%라고 해석합니다.

품종.setosa	품종.virginica	품종.versicolor
0.2	0.3	0.5

앞에서 이 코드의 수식 표현이 다음과 같다고 설명드렸습니다.

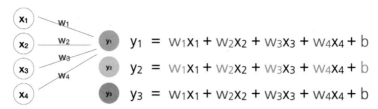

그림 6.8 붓꽃을 분류하는 수식

$$y_1 = w_1x_1 + w_2x_2 + w_3x_3 + w_4x_4 + b$$

$$y_2 = w_1x_1 + w_2x_2 + w_3x_3 + w_4x_4 + b$$

$$y_3 = w_1x_1 + w_2x_2 + w_3x_3 + w_4x_4 + b$$

그런데 이전에 학습시켰던 데이터들을 떠올려 보면 이 수식의 결과는 마이너스 무한대에서 플러스 무한대까지 모든 숫자를 대상으로 합니다. 하지만 지금 우리의 분류 모델에서는 이 수식들이 이전처럼 모든 숫자를 예측하는 것이 아닙니다. 지금은 0 또는 1을 맞히려고 합니다. 즉, y값의 최솟값은 0, 최댓값은 1로 결과를 만들고 싶은 것입니다.

다음처럼 각각의 수식을 **소프트맥스**(softmax)라는 함수로 감싸주면 소프트맥스 함수에 의해서 우리가 원하는 0과 1 사이의 결과를 받을 수 있게 됩니다.

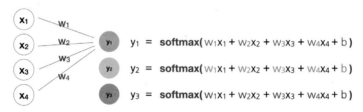

그림 6.9 소프트맥스 함수를 적용한 수식

$$y_1 = \text{softmax}(w_1x_1 + w_2x_2 + w_3x_3 + w_4x_4 + b)$$

$$y_2 = \text{softmax}(w_1x_1 + w_2x_2 + w_3x_3 + w_4x_4 + b)$$

$$y_3 = \text{softmax}(w_1x_1 + w_2x_2 + w_3x_3 + w_4x_4 + b)$$

활성화 함수

여기까지 왔으니 아주 조금만 더 유식해져 봅시다. 앞서 배웠던 퍼셉트론의 더 정확한 모양은 다음 그림과 같습니다.

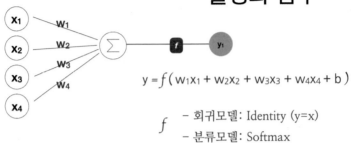

$$y = f(w_1x_1 + w_2x_2 + w_3x_3 + w_4x_4 + b)$$

f – 회귀모델: Identity (y=x)
– 분류모델: Softmax

그림 6.10 활성화 함수

최종 결과를 만들기 전에 함수가 하나 추가돼 있는 모습입니다. 숫자를 예측했던 회귀 모델에서는 결과를 내기 전에 이렇게 감싸는 함수가 없었는데요, 그것은 입력을 그대로 출력으로 만드는 아이덴티티(identity) 함수가 있었다고 재정의할 수 있겠습니다. 이런 함수의 역할은 퍼셉트론의 출력이 어떤 형태로 나가야 하는지 조절하는 역할을 하게 되고 우리가 지금 사용한 2개의 함수 이외에 이런 용도로 사용되는 함수들이 더 있습니다. 이런 함수들을 활성화 (Activation) 함수라고 부릅니다.

크로스엔트로피

loss는 모델이 내놓는 결과가 실제 정답과 차이가 있는가를 알아보기 위한 지표입니다. loss 가 0이 되면 모든 정답을 맞힌 모델이고 loss를 작게 만드는 것이 학습의 목표라고 말씀드렸습니다. 학습이 제대로 되게 하려면 문제 유형에 맞게 손실을 지정해 주어야 합니다.

크로스엔트로피가 정확히 무엇인지 몰라도 괜찮습니다. 이 지식을 깊이 아는 것은 지금은 필요하지 않습니다. 문제에 따라 loss를 다르게 사용해야 한다는 것을 알고 있으면 되겠습니다. 분류에 사용하는 loss는 크로스엔트로피이고, 회귀에 사용하는 loss는 mse인 거죠.

학습을 시키면 결과가 출력될 텐데요, 여기에 loss로 나오는 값이 바로 크로스엔트로피를 통해 계산된 차이 값을 이용해 만들어졌다고 이해하면 됩니다. 그렇게 이해할 수 있는 것만으로 충분합니다.

```
model.compile(loss='categorical_crossentropy')
```

실행 결과
Epoch 1/5
5/5 [==============================] - 0s 2ms/step - loss: 0.1584
Epoch 2/5
5/5 [==============================] - 0s 1ms/step - loss: 0.1587
Epoch 3/5
5/5 [==============================] - 0s 2ms/step - loss: 0.1579
Epoch 4/5
5/5 [==============================] - 0s 1ms/step - loss: 0.1580
Epoch 5/5
5/5 [==============================] - 0s 1ms/step - loss: 0.1579

정확도

여기서 한 가지만 더 배우겠습니다. 분류 문제는 손실보다 사람이 보기에 더 좋은 평가 지표가 있는데요, 바로 정확도(accuracy)입니다.

compile 부분을 조정해주면 결과에서 정확도를 함께 보여줍니다.

```
model.compile(loss='categorical_crossentropy',
              metrics='accuracy')
```

실행결과:
Epoch 1/5
5/5 [==============================] - 0s 2ms/step - loss: 0.1584 - accuracy: 0.9667
Epoch 2/5
5/5 [==============================] - 0s 1ms/step - loss: 0.1587 - accuracy: 0.9733
Epoch 3/5
5/5 [==============================] - 0s 2ms/step - loss: 0.1579 - accuracy: 0.9667
Epoch 4/5
5/5 [==============================] - 0s 1ms/step - loss: 0.1580 - accuracy: 0.9733
Epoch 5/5
5/5 [==============================] - 0s 1ms/step - loss: 0.1579 - accuracy: 0.9667

1은 100% 모두 다 맞힌 것이고 0이라고 돼 있으면 모두 틀린 것입니다. 이로써 분류 문제를 풀기 위한 모델에 대해서 모두 학습이 끝났습니다.

정리

분류 문제는 회귀 문제보다 좀 더 어렵습니다. 확률의 개념이 등장하기 때문인데요. 이런 어려운 개념이 등장할 때 빨리 넘어서야 하는 장애물로 여기지는 마세요. 우리가 사람들을 사귈 때도 매우 좋은 사람이지만 조금 까다로워서 천천히 조심해서 사귀어야 하는 친구들이 있듯이 확률이라는 지식과도 천천히 사귀기를 권장드립니다.

범주형 데이터를 확률로 바라보는 경험과 연습을 자주 하며 마주치다 보면 확률의 개념에 자연스럽게 다가설 수 있을 것입니다. 수고하셨습니다.

04 붓꽃 품종 분류 실습

붓꽃 품종 분류에 대한 코드 실습을 시작하겠습니다.

라이브러리 임포트

먼저 라이브러리 사용을 위해 텐서플로와 판다스를 임포트합니다.

```
import tensorflow as tf
import pandas as pd
```

과거의 데이터를 준비

그다음으로 과거의 데이터를 준비하겠습니다.

파일경로 변수를 만들고, 아이리스라는 변수에 데이터를 로딩해서 담겠습니다. 그리고 아이리스 변수의 값을 출력해보고요. head로 상위 5개 데이터를 출력해봅니다.

```
파일경로 = 'https://raw.githubusercontent.com/blackdew/tensorflow1/master/csv/iris.csv'
아이리스 = pd.read_csv(파일경로)
아이리스.head()
```

실행 결과					
	꽃잎길이	꽃잎폭	꽃받침길이	꽃받침폭	품종
0	5.1	3.5	1.4	0.2	setosa
1	4.9	3.0	1.4	0.2	setosa
2	4.7	3.2	1.3	0.2	setosa
3	4.6	3.1	1.5	0.2	setosa
4	5.0	3.6	1.4	0.2	setosa

원핫 인코딩

이제 우리는 이 데이터, 이 범주형 데이터를 변형해야겠죠? 앞에서 원핫 인코딩해준다고 설명한 바 있습니다. 정말 단 한 줄로 끝나는지 확인해보겠습니다.

인코딩된 결과를 인코딩 변수에 담을 거고요. pd.get_dummies라는 함수에 아이리스 데이터를 넣으면 인코딩된 결과가 나옵니다.

```
인코딩 = pd.get_dummies(아이리스)
인코딩.head()
```

	꽃잎길이	꽃잎폭	꽃받침길이	꽃받침폭	품종_setosa	품종_versicolor	품종_virginica
0	5.1	3.5	1.4	0.2	1	0	0
1	4.9	3.0	1.4	0.2	1	0	0
2	4.7	3.2	1.3	0.2	1	0	0
3	4.6	3.1	1.5	0.2	1	0	0
4	5.0	3.6	1.4	0.2	1	0	0

대단하죠? 여기서 행복을 맛보시기 바랍니다.

칼럼 이름 출력

아직 데이터의 준비가 끝나지 않았죠? 독립변수와 종속변수를 분류해야 합니다. 독립변수를 분리하려고 하니까 먼저 인코딩.columns를 화면에 출력해주면 좋겠죠?

```
print(인코딩.columns)
```

실행 결과

```
Index(['꽃잎길이', '꽃잎폭', '꽃받침길이', '꽃받침폭', '품종_setosa', '품종_versicolor',
       '품종_virginica'],
      dtype='object')
```

종속변수, 독립변수

그래서 **독립** 변수에는 **인코딩** 변수 안의 **꽃잎길이**부터 **꽃받침폭**까지의 변수를 넣어줍니다.
그리고 **종속** 변수에는 **품종**을 원핫 인코딩한 칼럼들의 변수명을 넣어줍니다.

```
독립 = 인코딩[['꽃잎길이', '꽃잎폭', '꽃받침길이', '꽃받침폭']]
종속 = 인코딩[['품종_setosa', '품종_versicolor', '품종_virginica']]
print(독립.shape, 종속.shape)
```

실행 결과

```
(150, 4) (150, 3)
```

모델의 구조 만들기

이제 모델 구조를 만들어봅시다.

Input 레이어 모양은 4개입니다.

출력층의 모양은 3개이므로 3을 써주고, 지금은 분류 문제를 푸는 것이므로 activation을
softmax로 넣어줍니다.

그리고 모델을 만들면 되겠습니다. loss를 categorical_crossentropy로 지정합니다. (오타
가 나기 쉬우니 조심하세요.)

그리고 정확도(accuracy)를 지표로 지정하면 사람이 보기에 좋습니다.

```
X = tf.keras.layers.Input(shape=[4])
Y = tf.keras.layers.Dense(3, activation='softmax')(X)
model = tf.keras.models.Model(X, Y)
model.compile(loss='categorical_crossentropy',
              metrics='accuracy')
```

데이터로 모델을 학습

자, model.fit으로 학습을 시키겠습니다. epochs는 10으로 지정해서 일단 10번만 돌려보겠습
니다.

```
model.fit(독립, 종속, epochs=10)
```

```
Epoch 1/10
5/5 [==============================] - 0s 3ms/step - loss: 5.2173 - accuracy: 0.3333
Epoch 2/10
5/5 [==============================] - 0s 2ms/step - loss: 5.0714 - accuracy: 0.3333
Epoch 3/10
5/5 [==============================] - 0s 2ms/step - loss: 4.9675 - accuracy: 0.3333
Epoch 4/10
5/5 [==============================] - 0s 2ms/step - loss: 4.8726 - accuracy: 0.3333
Epoch 5/10
5/5 [==============================] - 0s 2ms/step - loss: 4.7812 - accuracy: 0.3333
Epoch 6/10
5/5 [==============================] - 0s 2ms/step - loss: 4.6952 - accuracy: 0.3333
Epoch 7/10
5/5 [==============================] - 0s 2ms/step - loss: 4.6104 - accuracy: 0.3333
Epoch 8/10
5/5 [==============================] - 0s 2ms/step - loss: 4.5256 - accuracy: 0.3333
Epoch 9/10
5/5 [==============================] - 0s 2ms/step - loss: 4.4424 - accuracy: 0.3333
Epoch 10/10
5/5 [==============================] - 0s 2ms/step - loss: 4.3593 - accuracy: 0.3333
<tensorflow.python.keras.callbacks.History at 0x7faef01887b8>
```

10번 학습했는데 정확도(accuracy)는 그대로이지만 손실(loss)은 계속 떨어지고 있습니다. 학습이 되고 있는지 아닌지는 accuracy보다는 loss와 관련 있습니다. 지금은 loss가 떨어지고 있으므로 학습이 되고 있는 것입니다. 이와 같이, 내가 원하는 모델인지 아닌지를 판단할 때는 accuracy를, 학습이 진행 중인지를 알고 싶을 때는 loss를 보면 됩니다.

이제 좀 많이 학습해보죠. 학습을 100번 해보겠습니다.

```
model.fit(독립, 종속, epochs=100)
```

```
(생략)
5/5 [==============================] - 0s 2ms/step - loss: 0.7361 - accuracy: 0.7733
```

```
Epoch 89/100
5/5 [==============================] - 0s 2ms/step - loss: 0.7322 - accuracy: 0.7600
Epoch 90/100
5/5 [==============================] - 0s 2ms/step - loss: 0.7265 - accuracy: 0.8333
Epoch 91/100
5/5 [==============================] - 0s 2ms/step - loss: 0.7216 - accuracy: 0.7867
Epoch 92/100
5/5 [==============================] - 0s 2ms/step - loss: 0.7163 - accuracy: 0.7733
Epoch 93/100
5/5 [==============================] - 0s 3ms/step - loss: 0.7111 - accuracy: 0.8067
Epoch 94/100
5/5 [==============================] - 0s 2ms/step - loss: 0.7073 - accuracy: 0.7933
Epoch 95/100
5/5 [==============================] - 0s 2ms/step - loss: 0.7033 - accuracy: 0.7733
Epoch 96/100
5/5 [==============================] - 0s 2ms/step - loss: 0.6977 - accuracy: 0.8400
Epoch 97/100
5/5 [==============================] - 0s 3ms/step - loss: 0.6939 - accuracy: 0.7933
Epoch 98/100
5/5 [==============================] - 0s 3ms/step - loss: 0.6889 - accuracy: 0.8467
Epoch 99/100
5/5 [==============================] - 0s 2ms/step - loss: 0.6858 - accuracy: 0.8133
Epoch 100/100
5/5 [==============================] - 0s 3ms/step - loss: 0.6809 - accuracy: 0.8269
<tensorflow.python.keras.callbacks.History at 0x7faef0074978>
```

학습이 되면서 손실이 떨어지고 정확도가 점점 오르는 것을 볼 수 있습니다.

한 번 더 해볼까요? 데이터가 쉬운 편이라 98%까지는 금방 올라갈 겁니다.

```
model.fit(독립, 종속, epochs=100)
```

실행 결과
(생략)
5/5 [==============================] - 0s 2ms/step - loss: 0.4560 - accuracy: 0.9333
Epoch 89/100
5/5 [==============================] - 0s 2ms/step - loss: 0.4560 - accuracy: 0.9467

```
Epoch 90/100
5/5 [==============================] - 0s 2ms/step - loss: 0.4533 - accuracy: 0.9400
Epoch 91/100
5/5 [==============================] - 0s 2ms/step - loss: 0.4518 - accuracy: 0.9400
Epoch 92/100
5/5 [==============================] - 0s 2ms/step - loss: 0.4514 - accuracy: 0.9467
Epoch 93/100
5/5 [==============================] - 0s 2ms/step - loss: 0.4517 - accuracy: 0.9400
Epoch 94/100
5/5 [==============================] - 0s 3ms/step - loss: 0.4479 - accuracy: 0.9533
Epoch 95/100
5/5 [==============================] - 0s 2ms/step - loss: 0.4465 - accuracy: 0.9467
Epoch 96/100
5/5 [==============================] - 0s 2ms/step - loss: 0.4456 - accuracy: 0.9467
Epoch 97/100
5/5 [==============================] - 0s 2ms/step - loss: 0.4439 - accuracy: 0.9467
Epoch 98/100
5/5 [==============================] - 0s 2ms/step - loss: 0.4431 - accuracy: 0.9400
Epoch 99/100
5/5 [==============================] - 0s 2ms/step - loss: 0.4431 - accuracy: 0.9467
Epoch 100/100
5/5 [==============================] - 0s 2ms/step - loss: 0.4405 - accuracy: 0.9400
<tensorflow.python.keras.callbacks.History at 0x7fae9e2b0f60>
```

더 학습을 하면 더 오를 테니까 여러분도 학습을 시켜 보시기 바랍니다.

모델을 이용

처음 5개의 데이터로 예측

이제 모델을 이용해봅시다. 모든 데이터를 다 넣어서 체크하긴 어려우므로 처음 5개의 데이터로 예측을 해봅시다.

```
print(model.predict(독립[0:5]))
```

실행 결과

```
array([[0.86679167, 0.1233283 , 0.00988006],
       [0.79883736, 0.18069501, 0.02046765],
       [0.84178185, 0.14464855, 0.01356956],
       [0.80775553, 0.1745401 , 0.0177044 ],
       [0.87885016, 0.11288352, 0.00826631]], dtype=float32)
```

예측을 해봤더니 처음 5개의 데이터는 모두 다 첫 번째(세토사)가 1에 가깝고 나머지는 0에 가깝습니다. 세토사일 확률이 86%, 79%, 84%, 80%, 87%로 예측됐습니다.

실제 정답을 확인해 보겠습니다.

```
print(종속[0:5])
```

실행 결과

	품종_setosa	품종_versicolor	품종_virginica
0	1	0	0
1	1	0	0
2	1	0	0
3	1	0	0
4	1	0	0

네, 이렇게 5개 전부 다 세토사였네요.

마지막 5개의 데이터로 예측

다른 분류도 잘 예측하는지 확인하기 위해 맨 밑에 있는 5개를 출력해 보겠습니다. 맨 밑에 있는 5개를 출력하는 방법은 슬라이싱이라고 말씀드렸는데, 자세한 사항이 궁금하다면 추가로 공부하시면 되겠습니다. 슬라이싱을 이용하면 -5번째부터 끝까지를 다음과 같이 표현합니다.

```
print(model.predict(독립[-5:]))
```

실행 결과

```
array([[0.01488435, 0.2753571 , 0.7097586 ],
       [0.01683157, 0.31215316, 0.67101526],
```

```
        [0.02451402, 0.35535213, 0.6201338 ],
        [0.02475816, 0.34769467, 0.6275472 ],
        [0.03849689, 0.4282189 , 0.5332842 ]], dtype=float32)
```

버지니카일 확률이 70%, 67%, 62%, 62%, 53%입니다. 실제 정답을 출력해 비교하면 잘 맞힌 것을 알 수 있습니다.

```
print(종속[-5:])
```

	품종_setosa	품종_versicolor	품종_virginica
	실행 결과		
145	0	0	1
146	0	0	1
147	0	0	1
148	0	0	1
149	0	0	1

학습한 가중치

학습한 가중치들을 출력해보겠습니다. get_weights를 하면 가중치가 보인다고 했죠?

```
print(model.get_weights())
```

실행 결과

[array([[0.20331924, 0.27181062, 0.41869685],
        [1.4920163 , 0.5374154 , -0.2140721],
        [-0.38437232, 0.31811464, 0.40649754],
        [-1.0823697 , -0.3150506 , 0.88712615]], dtype=float32),
 array([0.476409 , 0.38131183, -0.62610483], dtype=float32)]

수치를 보면 이걸 이제 테이블, 즉 표의 형태라고 생각하셔도 좋습니다. 2차원 형태니까 가로가 로우고, 세로가 칼럼입니다.

- 첫 번째 칼럼은 세토사를 예측하는 수식입니다.

$$setosa일\ 확률 = softmax(0.20331924 * 꽃잎길이 +$$
$$1.4920163 * 꽃잎폭 +$$
$$-0.38437232 * 꽃받침길이 +$$
$$-1.0823697 * 꽃받침폭 +$$
$$0.476409)$$

이렇게 수식을 하나 만들고 마지막에 바이어스를 더해주면 세토사인지 아닌지를 가늠할 수 있는 값이 나옵니다. 그냥 이렇게 하면 안 되고, 바깥에 softmax를 씌워야겠죠? 그래서 확률이 앞에서 보셨듯이 0.8로 나왔습니다.

- 두 번째 칼럼에는 버시컬러인지 아닌지를 판별할 수 있는 수식이 만들어져 있습니다.

- 세 번째 칼럼에는 버지니카일 확률을 계산해주는 수식이 나타나 있습니다.

정리

종속변수가 범주형일 때 분류 모델을 만드는 법을 배웠고, 이런 범주형 데이터를 학습시키기 위해 수치형으로 변형하는 방법도 배웠습니다.

오늘도 수고하셨습니다.

전체 코드

코드 `practice4-iris.ipynb`

```
# 라이브러리 사용
import tensorflow as tf
import pandas as pd

# 1.과거의 데이터를 준비합니다.
파일경로 = 'https://raw.githubusercontent.com/blackdew/tensorflow1/master/csv/iris.csv'
아이리스 = pd.read_csv(파일경로)
아이리스.head()

# 원핫 인코딩
아이리스 = pd.get_dummies(아이리스)
```

```
# 종속변수, 독립변수
독립 = 아이리스[['꽃잎길이', '꽃잎폭', '꽃받침길이', '꽃받침폭']]
종속 = 아이리스[['품종_setosa', '품종_versicolor', '품종_virginica']]
print(독립.shape, 종속.shape)

# 2. 모델의 구조를 만듭니다.
X = tf.keras.layers.Input(shape=[4])
Y = tf.keras.layers.Dense(3, activation='softmax')(X)
model = tf.keras.models.Model(X, Y)
model.compile(loss='categorical_crossentropy',
              metrics='accuracy')

# 3. 데이터로 모델을 학습(fit)합니다.
model.fit(독립, 종속, epochs=1000, verbose=0)
model.fit(독립, 종속, epochs=10)

# 4. 모델을 이용합니다.
# 맨 처음 데이터 5개
print(model.predict(독립[:5]))
print(종속[:5])

# 맨 마지막 데이터 5개
print(model.predict(독립[-5:]))
print(종속[-5:])

# weights & bias 출력
print(model.get_weights())
```

07장

네 번째 딥러닝:
멀티 레이어 인공 신경망

히든 레이어와 멀티 레이어의 구조를 이해하고,
히든 레이어를 추가한
멀티 레이어 인공 신경망 모델을 완성해 봅니다.

이번 장이 딥러닝을 완성하기 위한 마지막 남은 한 조각입니다. 정상이 바로 코앞이니 조금만 더 힘내시길 바랍니다.

이제 퍼셉트론 하나로 구성된 모델이 아닌, 퍼셉트론을 깊게 연결한 진짜 신경망 딥러닝 모델을 만들어 봅시다.

인풋 레이어, 아웃풋 레이어, 히든 레이어

여러분은 이미 깊은 신경망을 만들기 위한 모든 준비를 마쳤습니다. 신경망을 깊게 만드는 건 의외로 단순합니다. 기존의 퍼셉트론을 여러 개 사용해 연결만 하면 되는데요, 입력과 결과 사이에 퍼셉트론들을 추가해주면 끝입니다.

입력 레이어(Input Layer)와 출력 레이어(Output Layer) 사이에 추가한 부분을 히든 레이어(Hidden Layer)라고 부릅니다. 다음 그림은 입력과 출력 사이에 하나의 층을 쌓아서 구성한 모델입니다. 이 히든 레이어는 5개의 노드를 가지고 있습니다.

결과를 만들기 위해서는 히든 레이어의 모든 값을 입력으로 하는 하나의 퍼셉트론이 필요합니다. 그리고 히든 레이어의 첫 번째 결과를 만들기 위해서는 역시나 하나의 퍼셉트론이 필요하겠죠. 총 5개의 노드가 있으니 5개의 퍼셉트론이 필요합니다.

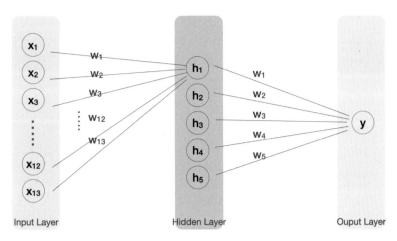

그림 7.1 히든 레이어와 퍼셉트론

이번에는 데이터의 관점에서 이 그림을 바라보겠습니다.

보스턴 집값 데이터를 상상해 보시면 좋겠습니다. 관측치는 총 506개였습니다. 독립변수로 13개의 칼럼을 가진 데이터를 입력으로 하고 있었고 종속변수로 1개의 칼럼을 정답으로 가지고 있었죠.

같은 표현을 가지고 중간 레이어를 바라보면 히든 레이어에서 나타날 데이터를 추론해 볼 수 있습니다. 5개의 칼럼을 가진 데이터라고요.

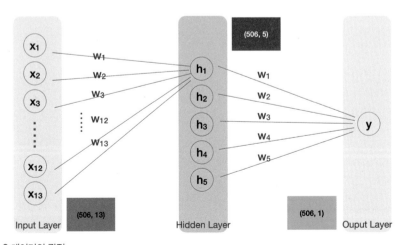

그림 7.2 데이터의 관점

마지막 히든 레이어에서 결과를 출력하는 부분만 떼어서 관찰해보면 5개의 입력을 받아 1개의 출력을 만드는 모델이라고 생각할 수 있습니다.

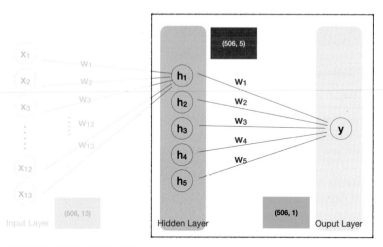

그림 7.3 히든 레이어에서 결과를 출력하는 부분

입력 쪽에서 히든 레이어를 만드는 부분을 떼어서 관찰해보면 13개의 입력을 받아 5개의 출력을 만드는 모델이라고 할 수 있습니다.

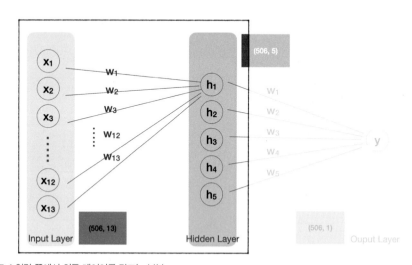

그림 7.4 입력 쪽에서 히든 레이어를 만드는 부분

이렇게 각각의 모델을 연속적으로 연결하여 하나의 거대한 신경망을 만든 것이 딥러닝 인공 신경망입니다.

이해를 돕기 위해 그림을 사용해 설명드렸는데, 도움이 좀 되시나요? 이런 구조를 만드는 과정이 상당히 복잡하지는 않을까 하는 걱정이 드실 수 있지만, 텐서플로를 이용하면 쉽게 구현할 수 있습니다.

히든 레이어 추가하기

기존 코드에 히든 레이어를 추가한 코드는 다음과 같습니다.

```
# 2. 모델의 구조를 만듭니다.
X = tf.keras.layers.Input(shape=[13])
H = tf.keras.layers.Dense(5, activation='swish')(X)   # 히든 레이어를 추가
Y = tf.keras.layers.Dense(1)(H)                        # 히든 레이어에서 만들어진 H를 사용
model = tf.keras.models.Model(X, Y)
model.compile(loss='mse')
```

한 가지 주의할 점으로, 마지막 출력을 만들 때 X를 넣는 것이 아니라, 마지막 히든 레이어에서 만들어진 H를 넣어야 합니다. 위의 코드는 방금 그림으로 보신 모델과 같이 중간 결과를 5개 내놓는 레이어를 하나 추가한 코드입니다.

히든 레이어의 활성화 함수로는 **swish**를 사용했습니다. 다른 활성화 함수들을 사용할 수도 있지만 **swish**는 최근에 발표된 성능이 좋은 활성화 함수이니 당분간 이것만 사용하셔도 좋겠습니다.

또한, 'swish' 대신 히든 레이어 activation 함수로 사용할 수 있는 여러 함수들이 있으니 한번 검색해서 확인해 볼 것을 권장드립니다. 그 함수들 중 가장 유명한 'relu'라는 이름도 함께 기억해 두시면 좋겠습니다.

히든 레이어를 3개 사용한 모델

이 히든 레이어는 모델을 구성하는 여러분이 자유롭게 추가해주면 됩니다. 히든 레이어를 두 층 더 쌓아 봅시다.

```
# 2. 모델의 구조를 만듭니다.
X = tf.keras.layers.Input(shape=[13])
H = tf.keras.layers.Dense(5, activation='swish')(X)
H = tf.keras.layers.Dense(3, activation='swish')(H)    # 두 번째 히든 레이어를 추가
H = tf.keras.layers.Dense(3, activation='swish')(H)    # 세 번째 히든 레이어를 추가
Y = tf.keras.layers.Dense(1)(H)
model = tf.keras.models.Model(X, Y)
model.compile(loss='mse')
```

히든 레이어 3개를 사용한 모델입니다. 앞의 레이어 하나는 5개의 노드, 뒤의 두 레이어는 3개의 노드를 갖습니다. 그리고 최종 1개의 출력을 만들게 됩니다. 그러면 전보다 훨씬 더 똑똑한 모델이 됩니다.

이제 딥러닝 모델을 만들 만반의 준비가 끝났습니다. 실제로 딥러닝 모델을 만들어보겠습니다.

02 히든 레이어 실습

그러면 히든 레이어 실습수업을 시작해 보겠습니다.

여태까지는 뉴런 하나로 만들어진 모델을 만들었습니다. 드디어 히든 레이어를 배웠고, 히든 레이어를 쌓음으로서 진짜 인공 신경망 딥러닝 모델을 직접 사용할 겁니다. 기대되시죠?

보스턴 집값 예측

4장에서 실습한 보스턴 집값 예측을 이번에는 멀티 레이어 구조로 만들어 보겠습니다.

라이브러리 로딩

텐서플로와 판다스 라이브러리를 로딩합니다.

```
import tensorflow as tf
import pandas as pd
```

과거의 데이터를 준비

보스턴 집값 예측 데이터를 로딩하고, 독립변수와 종속변수로 분리합니다.

```
파일경로 = 'https://raw.githubusercontent.com/blackdew/tensorflow1/master/csv/boston.csv'
보스턴 = pd.read_csv(파일경로)

독립 = 보스턴[['crim', 'zn', 'indus', 'chas', 'nox',
            'rm', 'age', 'dis', 'rad', 'tax',
            'ptratio', 'b', 'lstat']]
종속 = 보스턴[['medv']]
print(독립.shape, 종속.shape)
```

```
(506, 13) (506, 1)
```

독립변수는 506개의 데이터(관측치)가 있었고 13개의 칼럼으로 되어 있고, 종속변수는 하나의 칼럼으로 되어 있습니다.

모델의 구조 만들기

기존에는 다음과 같이 13개 입력을 받고 하나의 아웃풋을 만들어 내는 모델 구조를 만들고, 독립변수와 종속변수를 fit 함수에 넣어서 학습을 시켰습니다.

```
# 변경 전
X = tf.keras.layers.Input(shape=[13])
Y = tf.keras.layers.Dense(1)(X)
model = tf.keras.models.Model(X, Y)
model.compile(loss='mse')
```

이제 모델을 멀티 레이어 구조로 바꿔 보겠습니다. 10개의 노드를 만들고, 활성화 함수를 'swish'로 지정하고, X 인풋을 받아서 H를 만듭니다. Y가 H를 입력으로 받게 바꿔주는 것도 잊지 마세요.

```
# 변경 후
X = tf.keras.layers.Input(shape=[13])
H = tf.keras.layers.Dense(10, activation='swish')(X)
Y = tf.keras.layers.Dense(1)(H)
model = tf.keras.models.Model(X, Y)
model.compile(loss='mse')
```

학습

드디어 학습을 시킬 차례입니다. 100번 학습하겠습니다. 인공 신경망 10개 층, 10개 노드, 하나의 층을 추가한 모델입니다.

```
model.fit(독립, 종속, epochs=100)
```

```
(생략)
Epoch 91/100
16/16 [==============================] - 0s 2ms/step - loss: 45.4474
Epoch 92/100
16/16 [==============================] - 0s 2ms/step - loss: 45.7714
Epoch 93/100
16/16 [==============================] - 0s 2ms/step - loss: 47.2572
Epoch 94/100
16/16 [==============================] - 0s 2ms/step - loss: 45.5285
Epoch 95/100
16/16 [==============================] - 0s 2ms/step - loss: 45.6155
Epoch 96/100
16/16 [==============================] - 0s 2ms/step - loss: 48.3057
Epoch 97/100
16/16 [==============================] - 0s 2ms/step - loss: 44.3882
Epoch 98/100
16/16 [==============================] - 0s 2ms/step - loss: 45.6711
Epoch 99/100
16/16 [==============================] - 0s 2ms/step - loss: 45.6094
Epoch 100/100
16/16 [==============================] - 0s 2ms/step - loss: 45.5657
<tensorflow.python.keras.callbacks.History at 0x7fcf10123048>
```

100번을 돌렸는데 loss가 45까지 떨어졌네요.

이번에는 출력 없이 1000번 학습시킨 후에 10번 더 학습하면서 출력해 보겠습니다.

```
model.fit(독립, 종속, epochs=1000, verbose=0)
model.fit(독립, 종속, epochs=10)
```

```
Epoch 1/10
16/16 [==============================] - 0s 2ms/step - loss: 24.6487
Epoch 2/10
16/16 [==============================] - 0s 2ms/step - loss: 23.6668
```

```
Epoch 3/10
16/16 [==============================] - 0s 2ms/step - loss: 25.0734
Epoch 4/10
16/16 [==============================] - 0s 2ms/step - loss: 24.2431
Epoch 5/10
16/16 [==============================] - 0s 2ms/step - loss: 25.2716
Epoch 6/10
16/16 [==============================] - 0s 2ms/step - loss: 24.1446
Epoch 7/10
16/16 [==============================] - 0s 2ms/step - loss: 23.7031
Epoch 8/10
16/16 [==============================] - 0s 2ms/step - loss: 23.7599
Epoch 9/10
16/16 [==============================] - 0s 2ms/step - loss: 24.5080
Epoch 10/10
16/16 [==============================] - 0s 2ms/step - loss: 23.6458
<tensorflow.python.keras.callbacks.History at 0x7fcf1a3cd2b0>
```

이번에는 23 정도까지 떨어졌습니다.

한 번 더 실행해 보겠습니다. 멀티 레이어를 쌓기 전에는 25 정도가 한계였는데, 지금은 어디까지 내려가는지, 조금 더 학습을 할 수 있는지 확인해보려고 합니다. verbose 값을 0이 아닌 1로 설정(또는 verbose 옵션을 생략)해서 loss가 잘 떨어지는지 확인해봐도 좋습니다.

```
model.fit(독립, 종속, epochs=1000, verbose=0)
model.fit(독립, 종속, epochs=10)
```

실행 결과

```
Epoch 1/10
16/16 [==============================] - 0s 2ms/step - loss: 23.3559
Epoch 2/10
16/16 [==============================] - 0s 2ms/step ~ loss: 23.4597
Epoch 3/10
16/16 [==============================] - 0s 2ms/step - loss: 23.1843
Epoch 4/10
16/16 [==============================] - 0s 2ms/step - loss: 24.3721
Epoch 5/10
```

```
16/16 [==============================] - 0s 2ms/step - loss: 23.6200
Epoch 6/10
16/16 [==============================] - 0s 2ms/step - loss: 23.4886
Epoch 7/10
16/16 [==============================] - 0s 2ms/step - loss: 24.7369
Epoch 8/10
16/16 [==============================] - 0s 2ms/step - loss: 23.5973
Epoch 9/10
16/16 [==============================] - 0s 2ms/step - loss: 23.6393
Epoch 10/10
16/16 [==============================] - 0s 2ms/step - loss: 24.2104
<tensorflow.python.keras.callbacks.History at 0x7fcebe159630>
```

이 정도까지 학습이 된다고 생각하시면 됩니다. 방금 멀티 레이어로 학습한 것입니다.

모델 구조 확인

멀티 레이어 학습 모델이 올바르게 만들어졌는지 summary로 확인해보면 좋습니다.

```
model.summary()
```

실행 결과

```
Model: "model"

_____
Layer (type)                 Output Shape              Param #
=================================================================
input_3 (InputLayer)         [(None, 13)]              0

_____
dense_2 (Dense)              (None, 10)                140

_____
dense_3 (Dense)              (None, 1)                 11

=================================================================
Total params: 151
Trainable params: 151
Non-trainable params: 0
_____
```

입력층(input_3)은 13개의 입력을 받고, 두 번째 층(dense_2)은 13개의 입력을 받아서 10개의 출력을 만들고, 마지막 출력층(dense_3)은 10개의 입력을 받아서 하나의 출력을 만들게 되어 있으므로 우리가 기대했던 모델이 만들어진 것을 확인할 수 있습니다.[1]

오른쪽의 Param #은 컴퓨터가 학습하는 가중치 개수입니다.

- 마지막 출력층(dense_3)은 10개의 입력을 받아서 하나의 출력을 만드니까 10개의 항에 바이어스가 1개 추가되어서 10+1=11개의 가중치를 찾게 됩니다.

- 두 번째 층(dense_2)은 수식을 10개 만드는 것인데, 입력으로 받은 13개의 항에 마지막 바이어스 1개를 더해서 수식마다 14개의 가중치가 필요하므로 (13+1)×10=140개의 가중치를 찾는다고 해석됩니다.

모델을 이용

학습이 잘됐는지 확인해보겠습니다.

```
print(model.predict(독립[:5]))
print(종속[:5])
```

실행 결과
[[29.367575]
[22.595165]
[31.582932]
[35.79449]
[34.561707]]
medv
0 24.0
1 21.6
2 34.7
3 33.4
4 36.2

24를 29로 예측했고, 21을 22로 예측했고, 34를 31로 예측했고, 33을 35로 예측했고, 36을 34로 예측했습니다. 아주 잘 맞히고 있네요.

---

1 (엮은이) summary를 실행한 출력 결과에서 Layer 이름에 붙는 숫자는 예시와 다를 수 있습니다.

붓꽃 품종 분류

이제 품종 분류도 멀티 레이어로 바꿔보겠습니다.

과거의 데이터를 준비

파일을 읽어 들인 다음에 아이리스를 원핫 인코딩하고, 독립변수 4개와 종속변수 3개로 분리합니다.

```
파일경로 = 'https://raw.githubusercontent.com/blackdew/tensorflow1/master/csv/iris.csv'
아이리스 = pd.read_csv(파일경로)


아이리스 = pd.get_dummies(아이리스)


독립 = 아이리스[['꽃잎길이', '꽃잎폭', '꽃받침길이', '꽃받침폭']]
종속 = 아이리스[['품종_setosa', '품종_versicolor', '품종_virginica']]
print(독립.shape, 종속.shape)
```

실행 결과
(150, 4) (150, 3)

모델의 구조 만들기

이전에 만든 모델은 다음과 같이 4개의 입력을 받고 3개의 출력을 만드는 구조였습니다.

```
X = tf.keras.layers.Input(shape=[4])
Y = tf.keras.layers.Dense(3, activation='softmax')(X)
model = tf.keras.models.Model(X, Y)
model.compile(loss='categorical_crossentropy',
              metrics='accuracy')
```

여기에 히든 레이어를 추가합니다. 활성화 함수는 "swish"로 하고, X를 입력받고, 출력층의 입력은 H로 입력을 바꿔 줍니다. 이번에는 8개의 노드를 가지는 히든 레이어 3개를 쌓아보겠습니다.

```
X = tf.keras.layers.Input(shape=[4])
H = tf.keras.layers.Dense(8, activation="swish")(X)
H = tf.keras.layers.Dense(8, activation="swish")(H)
H = tf.keras.layers.Dense(8, activation="swish")(H)
Y = tf.keras.layers.Dense(3, activation='softmax')(H)
model = tf.keras.models.Model(X, Y)
model.compile(loss='categorical_crossentropy',
              metrics='accuracy')
```

학습

코드를 실행해 정확도가 어떻게 나오는지 보겠습니다.

```
model.fit(독립, 종속, epochs=10)
```

실행 결과
```
Epoch 1/10
5/5 [==============================] - 0s 3ms/step - loss: 1.3632 - accuracy: 0.3267
Epoch 2/10
5/5 [==============================] - 0s 3ms/step - loss: 1.2065 - accuracy: 0.3133
Epoch 3/10
5/5 [==============================] - 0s 2ms/step - loss: 1.1349 - accuracy: 0.3200
Epoch 4/10
5/5 [==============================] - 0s 2ms/step - loss: 1.0956 - accuracy: 0.3200
Epoch 5/10
5/5 [==============================] - 0s 3ms/step - loss: 1.0714 - accuracy: 0.3133
Epoch 6/10
5/5 [==============================] - 0s 2ms/step - loss: 1.0581 - accuracy: 0.4200
Epoch 7/10
5/5 [==============================] - 0s 2ms/step - loss: 1.0446 - accuracy: 0.4000
Epoch 8/10
5/5 [==============================] - 0s 2ms/step - loss: 1.0373 - accuracy: 0.4733
Epoch 9/10
5/5 [==============================] - 0s 2ms/step - loss: 1.0280 - accuracy: 0.5267
Epoch 10/10
5/5 [==============================] - 0s 2ms/step - loss: 1.0156 - accuracy: 0.4267
<tensorflow.python.keras.callbacks.History at 0x7fcebe0d3908>
```

loss가 떨어지고 있고, 정확도가 42%까지 나왔네요. 100번으로 해서 출력해볼까요?

```
model.fit(독립, 종속, epochs=100)
```

실행 결과

```
(생략)
5/5 [==============================] - 0s 2ms/step - loss: 0.1325 - accuracy: 0.9467
Epoch 90/100
5/5 [==============================] - 0s 2ms/step - loss: 0.1229 - accuracy: 0.9600
Epoch 91/100
5/5 [==============================] - 0s 2ms/step - loss: 0.1249 - accuracy: 0.9533
Epoch 92/100
5/5 [==============================] - 0s 2ms/step - loss: 0.1212 - accuracy: 0.9600
Epoch 93/100
5/5 [==============================] - 0s 2ms/step - loss: 0.1194 - accuracy: 0.9533
Epoch 94/100
5/5 [==============================] - 0s 4ms/step - loss: 0.1408 - accuracy: 0.9533
Epoch 95/100
5/5 [==============================] - 0s 2ms/step - loss: 0.1161 - accuracy: 0.9600
Epoch 96/100
5/5 [==============================] - 0s 2ms/step - loss: 0.1209 - accuracy: 0.9600
Epoch 97/100
5/5 [==============================] - 0s 2ms/step - loss: 0.1180 - accuracy: 0.9600
Epoch 98/100
5/5 [==============================] - 0s 2ms/step - loss: 0.1177 - accuracy: 0.9533
Epoch 99/100
5/5 [==============================] - 0s 2ms/step - loss: 0.1111 - accuracy: 0.9600
Epoch 100/100
5/5 [==============================] - 0s 2ms/step - loss: 0.1184 - accuracy: 0.9600
<tensorflow.python.keras.callbacks.aistory at 0x7fcea5f74128>
```

출력을 해보니 96%까지 학습이 되는 걸 확인할 수 있습니다.

출력 내용을 지우고 싶을 땐 옆의 X 버튼을 클릭하면 출력이 지워집니다.

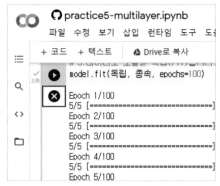

그림 7.5 코랩의 출력 지우기 버튼

모델을 이용

학습이 끝나면 학습이 잘됐는지 평가합니다.

```
print(model.predict(독립[:5]))
print(종속[:5])
```

실행 결과

```
[[9.9980110e-01 2.9277263e-07 1.9867114e-04]
 [9.9975640e-01 1.9786096e-06 2.4160542e-04]
 [9.9972349e-01 9.2671240e-07 2.7551543e-04]
 [9.9969447e-01 2.4259684e-06 3.0322323e-04]
 [9.9977976e-01 2.4458930e-07 2.2001288e-04]]
```

	품종_setosa	품종_versicolor	품종_virginica
0	1	0	0
1	1	0	0
2	1	0	0
3	1	0	0
4	1	0	0

첫 번째 줄의 **9.9980110e-01**은 9.9980110×10^{-1}이므로 거의 1에 가까운 숫자로 예측한 것이고, **2.9277263e-07**은 2.9277263×10^{-7}이므로 거의 0에 가까운 숫자로 수렴된 것을 볼 수 있습니다. 전에 학습했던 모델보다 결과가 많이 향상했음을 확인할 수 있습니다.

이제 멀티 레이어 학습을 시킬 만반의 준비가 끝났습니다. 사실상 여기서 우리 수업의 전체 실습은 다 끝났다고 보시면 됩니다. 딥러닝 모델을 이제 여러분이 완성하실 수 있게 되었습니다.

실습을 하나 더 할 텐데 거기서는 실제 데이터를 사용할 때 맞닥뜨리게 되는 어려움을 해소할 방법을 하나 알려드리고 1부의 과정이 끝나게 될 것 같습니다. 수고하셨습니다.

전체 코드

보스턴 집값 예측

```python
# 라이브러리 사용
import tensorflow as tf
import pandas as pd


# 1. 과거의 데이터를 준비합니다.
파일경로 = 'https://raw.githubusercontent.com/blackdew/tensorflow1/master/csv/boston.csv'
보스턴 = pd.read_csv(파일경로)


# 종속변수, 독립변수
독립 = 보스턴[['crim', 'zn', 'indus', 'chas', 'nox',
          'rm', 'age', 'dis', 'rad', 'tax',
          'ptratio', 'b', 'lstat']]
종속 = 보스턴[['medv']]
print(독립.shape, 종속.shape)


# 2. 모델의 구조를 만듭니다.
X = tf.keras.layers.Input(shape=[13])
H = tf.keras.layers.Dense(10, activation='swish')(X)
Y = tf.keras.layers.Dense(1)(H)
model = tf.keras.models.Model(X, Y)
model.compile(loss='mse')


# 모델 구조 확인
model.summary()


# 3. 데이터로 모델을 학습(fit)합니다.
model.fit(독립, 종속, epochs=100)


# 4. 모델을 이용합니다.
print(model.predict(독립[:5]))
print(종속[:5])


# 모델의 수식 확인
print(model.get_weights())
```

```
# 1. 과거의 데이터를 준비합니다.
파일경로 = 'https://raw.githubusercontent.com/blackdew/tensorflow1/master/csv/iris.csv'
아이리스 = pd.read_csv(파일경로)


# 원핫 인코딩
아이리스 = pd.get_dummies(아이리스)


# 종속변수, 독립변수
독립 = 아이리스[['꽃잎길이', '꽃잎폭', '꽃받침길이', '꽃받침폭']]
종속 = 아이리스[['품종_setosa', '품종_versicolor', '품종_virginica']]
print(독립.shape, 종속.shape)


# 2. 모델의 구조를 만듭니다.
X = tf.keras.layers.Input(shape=[4])
H = tf.keras.layers.Dense(8, activation="swish")(X)
H = tf.keras.layers.Dense(8, activation="swish")(H)
H = tf.keras.layers.Dense(8, activation="swish")(H)
Y = tf.keras.layers.Dense(3, activation='softmax')(H)
model = tf.keras.models.Model(X, Y)
model.compile(loss='categorical_crossentropy',
              metrics='accuracy')


# 모델 구조 확인
model.summary()


# 3. 데이터로 모델을 학습(fit)합니다.
model.fit(독립, 종속, epochs=100)


# 4. 모델을 이용합니다.
print(model.predict(독립[:5]))
print(종속[:5])
```

08장

데이터를 위한 팁

실제 데이터를 활용할 때 직면하는 문제를

해결할 방법을 알려드리겠습니다.

01 데이터를 위한 팁

딥러닝 수업은 모두 마무리되었지만, 실제 데이터를 활용하려면 몇 가지 문제에 직면합니다. 그러한 문제들을 해결할 방법을 알려드리겠습니다.

원핫 인코딩을 할 때 변수의 데이터 타입 때문에 발생하는 문제가 있고, 데이터의 내용 중에 NA(Not Available) 값 때문에 발생하는 문제가 있습니다. 이 두 가지만 대응할 수 있으면 대부분의 표 형식의 데이터를 읽어 들여서 딥러닝 모델에 넣어서 학습을 시키는 데 문제가 없을 것입니다. 그러니까 이 과정을 잘 따라서 익히시면 될 것 같습니다.

먼저 판다스에서 제공하는 함수를 사용하기 위해 판다스 라이브러리를 임포트합니다.

```
import pandas as pd
```

이번 실습을 위해 기존의 iris.csv 데이터를 변조한 iris2.csv 데이터를 준비해두었습니다. 이 데이터를 읽어 들이면 앞에서 설명한 두 가지 문제가 발생합니다.

원핫 인코딩이 되지 않는 문제

파일경로의 데이터를 아이리스로 읽어 들입니다. 그리고 아이리스.head로 읽어보겠습니다. 지난번 데이터는 품종이 setosa 같은 명목형 데이터였는데, 이 데이터에서는 setosa는 0으로, virginica는 1로, versicolor는 2로, 이렇게 품종이 숫자 데이터로 바뀐 것을 볼 수 있습니다.

```
파일경로 = 'https://raw.githubusercontent.com/blackdew/tensorflow1/master/csv/iris2.csv'
아이리스 = pd.read_csv(파일경로)
아이리스.head()
```

	꽃잎길이	꽃잎폭	꽃받침길이	꽃받침폭	품종
0	5.1	3.5	1.4	0.2	0
1	4.9	3.0	I.4	0.2	0
2	4.7	3.2	1.3	0.2	0
3	4.6	3.1	1.5	0.2	0
4	5.0	3.6	1.4	0.2	0

꽃잎길이, 꽃잎폭, 꽃받침길이, 꽃받침폭은 숫자 데이터고, 품종은 범주형 데이터입니다. 이 데이터는 원핫 인코딩이 안 됩니다. read_csv로 그 데이터를 읽어 들일 때 데이터가 숫자로 돼 있으면 판다스가 숫자로 인식하기 때문입니다. 품종에 0, 1, 2의 숫자가 들어 있으므로 이 칼럼을 범주형 칼럼이라고 인지하지 못하는 것입니다.

```
인코딩 = pd.get_dummies(아이리스)
인코딩.head()
```

	꽃잎길이	꽃잎폭	꽃받침길이	꽃받침폭	품종
0	5.1	3.5	1.4	0.2	0
1	4.9	3.0	1.4	0.2	0
2	4.7	3.2	1.3	0.2	0
3	4.6	3.1	1.5	0.2	0
4	5.0	3.6	1.4	0.2	0

그래서 직접 범주형으로 바꿔주는 작업을 해줘야 하는데, 그 전에 칼럼들의 데이터 타입이 어떻게 돼 있나 체크하는 과정이 필요합니다. dtypes를 호출해서 출력해보면 이렇게 각 칼럼을 어떤 타입으로 읽어 들였는지 나옵니다.

```
print(아이리스.dtypes)
```

```
꽃잎길이      float64
꽃잎폭       float64
꽃받침길이     float64
꽃받침폭      float64
품종        int64
dtype: object
```

꽃잎길이, 꽃잎폭, 꽃받침길이, 꽃받침폭은 값에 소수점이 있어 float64가 되었고, 품종은 정수형(int64) 숫자로 읽어 들였습니다. 어떤 경우에는 숫자로 읽어 들이고 싶은데 object나 category 타입으로 읽어 들이는 경우가 있습니다.

get_dummies는 칼럼의 타입이 category이거나 object 타입인 경우만 원핫 인코딩을 합니다. 그래서 이 데이터에서 우리는 품종의 타입을 범주형으로 바꿔야 합니다. **아이리스['품종'].astype('category')**로 범주형 데이터를 얻어서 다시 **품종**에다가 넣어줍니다. 이렇게 하고 나서 print(아이리스.dtypes)로 출력해보면 이번에는 품종이 int64가 아니라 category로 변환된 걸 볼 수 있습니다.

```
아이리스['품종'] = 아이리스['품종'].astype('category')
print(아이리스.dtypes)
```

실행 결과
꽃잎길이   float64
꽃잎폭   float64
꽃받침길이   float64
꽃받침폭   float64
품종   category
dtype: object

이걸 한 다음에 다시 원핫 인코딩을 해서 출력해보면 이제는 우리가 원하는 형태로 **품종_0, 품종_1, 품종_2**와 같이 원핫 인코딩된 결과를 받을 수가 있습니다.

```
인코딩 = pd.get_dummies(아이리스)
인코딩.head()
```

실행 결과						
	꽃잎길이	꽃잎폭	꽃받침길이	꽃받침폭	품종_0	품종_1	품종_2
0	5.1	3.5	1.4	0.2	1	0	0
1	4.9	3.0	1.4	0.2	1	0	0
2	4.7	3.2	1.3	0.2	1	0	0
3	4.6	3.1	1.5	0.2	1	0	0
4	5.0	3.6	1.4	0.2	1	0	0

그래서 이렇게 타입을 체크하고 내가 원하는 형태로 타입을 바꿔주고, 그리고 그렇게 한 상태에서 데이터를 처리하는 종속변수와 독립변수로 이제 나눠줄 수 있겠죠.

NA 값 체크

이제 NA 값을 체크해 보겠습니다. 아이리스에 NA가 있는지 isna로 물어보고 sum을 해서 칼럼별로 NA값이 있는지 확인합니다.

```
아이리스.isna().sum()
```

실행 결과
꽃잎길이   0
꽃잎폭   1
꽃받침길이   0
꽃받침폭   0
품종   0
dtype: int64

꽃잎폭에 NA가 있네요. 제가 데이터를 만들 때 맨 마지막 열에 NA를 넣어뒀기 때문입니다.

tail로 확인해보면 맨 마지막 열의 꽃잎폭이 숫자가 아니라 NaN으로 나오는데, 실제로 데이터에서 그곳의 값을 비워 두었습니다. 이처럼 빈 값은 0이 아니라 NaN(Not a Number)으로 읽어 들입니다.

```
아이리스.tail()
```

실행 결과					
	꽃잎길이	꽃잎폭	꽃받침길이	꽃받침폭	품종
145	6.7	3.0	5.2	2.3	2
146	6.3	2.5	5.0	1.9	2
147	6.5	3.0	5.2	2.0	2
148	6.2	3.4	5.4	2.3	2
149	5.9	NaN	5.1	1.8	2

NaN이 포함된 데이터를 그대로 모델에 집어넣으면 에러가 발생하므로, NaN을 다른 숫자로 바꾸거나 해당 행을 지워야 합니다.

가장 쉬운 방법으로는 엑셀 같은 도구를 이용해 원본 데이터를 편집해 NaN 값이 없게 만들어서 읽어 들일 수 있습니다.

프로그래밍에서는 NaN을 꽃잎폭의 평균값으로 채울 수 있습니다. **아이리스['꽃잎폭']** 평균은 다음과 같은 방법으로 계산할 수 있습니다. 이렇게 해서 얻은 값을 꽃잎폭에 넣어주는 것입니다.

```
mean = 아이리스['꽃잎폭'].mean()
print(mean)
```

실행 결과
3.0543624161073835

fillna를 사용해 NaN을 mean으로 채우고, 이렇게 NaN을 채운 값을 다시 **꽃잎폭**에 넣어줍니다. 마지막 열을 다시 출력해 보면 **꽃잎폭**이 평균값으로 채워진 것을 확인할 수 있습니다.

```
아이리스['꽃잎폭'] = 아이리스['꽃잎폭'].fillna(mean)
아이리스.tail()
```

실행 결과				
	꽃잎길이	꽃잎폭	꽃받침길이	꽃받침폭	품종
145	6.7	3.000000	5.2	2.3	2
146	6.3	2.500000	5.0	1.9	2
147	6.5	3.000000	5.2	2.0	2
148	6.2	3.400000	5.4	2.3	2
149	5.9	3.054362	5.1	1.8	2

이렇게 두 가지 방법에만 익숙해지면 이제 웬만한 데이터들은 처리할 수 있을 것입니다. 그럼 이번 수업은 여기서 마치겠습니다. 수고하셨습니다.

전체 코드

코드 appendix1-data.ipynb

```python
# 라이브러리 사용
import pandas as pd


# 파일 읽어오기
파일경로 = 'https://raw.githubusercontent.com/blackdew/tensorflow1/master/csv/iris2.csv'
아이리스 = pd.read_csv(파일경로)
아이리스.head()


# 원핫 인코딩되지 않는 현상 확인
인코딩 = pd.get_dummies(아이리스)
인코딩.head()


# 칼럼의 데이터 타입 체크
print(아이리스.dtypes)


# 품종 타입을 범주형으로 바꿔준다.
아이리스['품종'] = 아이리스['품종'].astype('category')
print(아이리스.dtypes)


# 카테고리 타입의 변수만 원핫 인코딩
인코딩 = pd.get_dummies(아이리스)
인코딩.head()


# NA 값을 체크해 봅시다.
아이리스.isna().sum()
아이리스.tail()


# NA 값에 꽃잎폭 평균값을 넣어주는 방법
mean = 아이리스['꽃잎폭'].mean()
print(mean)
아이리스['꽃잎폭'] = 아이리스['꽃잎폭'].fillna(mean)
아이리스.tail()
```

09장

모델을 위한 팁

학습이 좀 더 잘되는

인공 신경망을 만드는 방법을 알려드리겠습니다.

이번에는 학습이 좀 더 잘되는 인공 신경망을 만드는 아주 간단한 방법을 알려드리겠습니다. 이 수업의 목적은 원리를 이해하는 것이 아니라 잘 사용하는 법을 배우는 것이므로, 일단 사용하시다가 나중에 천천히 원리를 알아보시기 바랍니다.

보스턴 집값 예측에 배치 노멀라이제이션을 적용

앞에서 보스턴 데이터를 학습한 모델은 히든 레이어 3개를 쌓았습니다. 각 레이어는 8개의 노드를 가지고 만들어져 있습니다. 그런데 이 모델로 학습을 시켜도 그렇게 눈에 띄는 학습이 일어나진 않았습니다. 여러 번 학습을 시켜도 손실이 떨어지는 양이 생각만큼 만족스럽지 않았습니다.

이때 **배치 노멀라이제이션**(batch normalization)으로 학습을 좀 더 빠르게 잘 시킬 수 있습니다. 그 사용법을 알아보겠습니다.

```
H = tf.keras.layers.Dense(8, activation='swish')(X)
```

위 코드를 조금 다르게 쓸 수 있습니다. 아래 코드는 레이어 생성과 활성화를 분리한 것으로 위의 코드와 하는 일이 같습니다.

```
H = tf.keras.layers.Dense(8)(X)
H = tf.keras.layers.Activation('swish')(H)
```

위와 같이 Dense와 Activation을 분리하고, 그 사이에 BatchNormalization을 넣으면 아래 코드와 같이 됩니다. BatchNormalization을 Dense와 Activation 사이에 적어주는 것이 효과가 좋아서 이렇게 했습니다.

```
H = tf.keras.layers.Dense(8)(X)
H = tf.keras.layers.BatchNormalization()(H)
H = tf.keras.layers.Activation('swish')(H)
```

히든 레이어가 세 개일 경우 위와 같은 모양이 세 번 반복됩니다.

```
H = tf.keras.layers.Dense(8)(X)
H = tf.keras.layers.BatchNormalization()(H)
H = tf.keras.layers.Activation('swish')(H)

H = tf.keras.layers.Dense(8)(H)
H = tf.keras.layers.BatchNormalization()(H)
H = tf.keras.layers.Activation('swish')(H)

H = tf.keras.layers.Dense(8)(H)
H = tf.keras.layers.BatchNormalization()(H)
H = tf.keras.layers.Activation('swish')(H)

Y = tf.keras.layers.Dense(1)(H)
model = tf.keras.models.Model(X, Y)
model.compile(loss='mse')


model.fit(독립, 종속, epochs=1000)
```

실행 결과
(생략)
Epocn 990/1000
16/16 [==============================] - 0s 1ms/step - loss: 12.0224
Epoch 991/1000
16/16 [==============================] - 0s 1ms/step - loss: 8.2043
Epoch 992/1000
16/16 [==============================] - 0s 2ms/step - loss: 11.1674
Epoch 993/1000
16/16 [==============================] - 0s 1ms/step - loss: 9.2130
Epoch 994/1000
16/16 [==============================] - 0s 1ms/step - loss: 10.6068
Epoch 995/1000

```
16/16 [==============================] - 0s 1ms/step - loss: 13.0159
Epoch 996/1000
16/16 [==============================] - 0s 2ms/step - loss: 10.6420
Epoch 997/1000
16/16 [==============================] - 0s 1ms/step - loss: 10.8394
Epoch 998/1000
16/16 [==============================] - 0s 1ms/step - loss: 8.9514
Epoch 999/1000
16/16 [==============================] - 0s 2ms/step - loss: 9.9636
Epoch 1000/1000
16/16 [==============================] - 0s 2ms/step - loss: 9.1316
<tensorflow.python.keras.callbacks.History at 0x7f845133eef0>
```

loss가 9까지 떨어졌습니다. 배치 노멀라이제이션 레이어를 사용하면 이런 효과를 얻을 수 있습니다.

분류 모델에 배치 노멀라이제이션을 적용

분류 모델에서도 확인해볼까요? 기존 코드에서는 다음과 같이 분류 모델을 만들고 8노드짜리 레이어 3개를 쌓았습니다.

```
X = tf.keras.layers.Input(shape=[4])
H = tf.keras.layers.Dense(8, activation="swish")(X)
H = tf.keras.layers.Dense(8, activation="swish")(H)
H = tf.keras.layers.Dense(8, activation="swish")(H)
Y = tf.keras.layers.Dense(3, activation='softmax')(H)
model = tf.keras.models.Model(X, Y)
model.compile(loss='categorical_crossentropy',
              metrics='accuracy')
```

학습을 시켜보면 아시겠지만, 정확도 100%(1.0000)까지는 학습이 잘 되지 않고, loss 값도 떨어지는 양이 미미한 것을 볼 수 있습니다.

그러면 학습을 더 잘 시킬 수 있게 코드를 수정하겠습니다. 앞에서와 마찬가지로 Dense와 Activation을 분리한 뒤, 그 사이에 BatchNormalization을 넣어줍니다. 보기 편하게 3줄씩 끊어서 코드를 정리합니다.

```
X = tf.keras.layers.Input(shape=[4])

H = tf.keras.layers.Dense(8)(X)
H = tf.keras.layers.BatchNormalization()(H)
H = tf.keras.layers.Activation('swish')(H)

H = tf.keras.layers.Dense(8)(H)
H = tf.keras.layers.BatchNormalization()(H)
H = tf.keras.layers.Activation('swish')(H)

H = tf.keras.layers.Dense(8)(H)
H = tf.keras.layers.BatchNormalization()(H)
H = tf.keras.layers.Activation('swish')(H)

Y = tf.keras.layers.Dense(3, activation='softmax')(H)
model = tf.keras.models.Model(X, Y)
model.compile(loss='categorical_crossentropy',
              metrics='accuracy')

model.fit(독립, 종속, epochs=1000)
```

실행 결과
(생략)
Epoch 987/1000
1/1 [==============================] - 0s 3ms/step - loss: 0.0105 - accuracy: 1.0000
Epoch 988/1000
1/1 [==============================] - 0s 3ms/step - loss: 0.0104 - accuracy: 1.0000
Epoch 989/1000
1/1 [==============================] - 0s 3ms/step - loss: 0.0104 - accuracy: 1.0000
Epoch 990/1000
1/1 [==============================] - 0s 3ms/step - loss: 0.0102 - accuracy: 1.0000
Epoch 991/1000
1/1 [==============================] - 0s 3ms/step - loss: 0.0102 - accuracy: 1.0000
Epoch 992/1000
1/1 [==============================] - 0s 3ms/step - loss: 0.0102 - accuracy: 1.0000
Epoch 993/1000
1/1 [==============================] - 0s 2ms/step - loss: 0.0103 - accuracy: 1.0000
Epoch 994/1000

```
1/1 [==============================] - 0s 2ms/step - loss: 0.0103 - accuracy: 1.0000
Epoch 995/1000
1/1 [==============================] - 0s 3ms/step - loss: 0.0103 - accuracy: 1.0000
Epoch 996/1000
1/1 [==============================] - 0s 3ms/step - loss: 0.0103 - accuracy: 1.0000
Epoch 997/1000
1/1 [==============================] - 0s 2ms/step - loss: 0.0101 - accuracy: 1.0000
Epoch 998/1000
1/1 [==============================] - 0s 3ms/step - loss: 0.0100 - accuracy: 1.0000
Epoch 999/1000
1/1 [==============================] - 0s 3ms/step - loss: 0.0099 - accuracy: 1.0000
Epoch 1000/1000
1/1 [==============================] - 0s 3ms/step - loss: 0.0098 - accuracy: 1.0000
<tensorflow.python.keras.callbacks.History at 0x7f844fe42278>
```

학습을 마쳤습니다. loss가 계속 더 떨어져서 0.0098까지 도달했고, accuracy는 진작에 100%가 나오고 있었습니다.

이렇게 해서 배치 노멀라이제이션과 활성화 레이어를 사용해서 모델을 쌓아서 조금 더 학습이 잘되는 모델을 구성하는 방법을 알려드렸습니다.

전체 코드

코드 appendix2-model.ipynb

보스턴 집값 예측

```python
# 라이브러리 사용
import tensorflow as tf
import pandas as pd

# 1. 과거의 데이터를 준비합니다.
파일경로 = 'https://raw.githubusercontent.com/blackdew/tensorflow1/master/csv/boston.csv'
보스턴 = pd.read_csv(파일경로)

# 종속변수, 독립변수
독립 = 보스턴[['crim', 'zn', 'indus', 'chas', 'nox',
           'rm', 'age', 'dis', 'rad', 'tax',
           'ptratio', 'b', 'lstat']]
```

```
종속 = 보스턴[['medv']]
print(독립.shape, 종속.shape)

# 2. 모델의 구조를 BatchNormalization layer를 사용하여 만든다.
X = tf.keras.layers.Input(shape=[13])

H = tf.keras.layers.Dense(8)(X)
H = tf.keras.layers.BatchNormalization()(H)
H = tf.keras.layers.Activation('swish')(H)

H = tf.keras.layers.Dense(8)(H)
H = tf.keras.layers.BatchNormalization()(H)
H = tf.keras.layers.Activation('swish')(H)

H = tf.keras.layers.Dense(8)(H)
H = tf.keras.layers.BatchNormalization()(H)
H = tf.keras.layers.Activation('swish')(H)

Y = tf.keras.layers.Dense(1)(H)
model = tf.keras.models.Model(X, Y)
model.compile(loss='mse')

# 3. 데이터로 모델을 학습(fit)합니다.
model.fit(독립, 종속, epochs=1000)
```

붓꽃 품종 분류

```
# 라이브러리 사용
import tensorflow as tf
import pandas as pd

# 1. 과거의 데이터를 준비합니다.
파일경로 = 'https://raw.githubusercontent.com/blackdew/tensorflow1/master/csv/iris.csv'
아이리스 = pd.read_csv(파일경로)

# 원핫 인코딩
아이리스 = pd.get_dummies(아이리스)
```

```python
# 종속변수, 독립변수
독립 = 아이리스[['꽃잎길이', '꽃잎폭', '꽃받침길이', '꽃받침폭']]
종속 = 아이리스[['품종_setosa', '품종_versicolor', '품종_virginica']]
print(독립.shape, 종속.shape)

# 2. 모델의 구조를 BatchNormalization layer를 사용하여 만든다.
X = tf.keras.layers.Input(shape=[4])

H = tf.keras.layers.Dense(8)(X)
H = tf.keras.layers.BatchNormalization()(H)
H = tf.keras.layers.Activation('swish')(H)

H = tf.keras.layers.Dense(8)(H)
H = tf.keras.layers.BatchNormalization()(H)
H = tf.keras.layers.Activation('swish')(H)

H = tf.keras.layers.Dense(8)(H)
H = tf.keras.layers.BatchNormalization()(H)
H = tf.keras.layers.Activation('swish')(H)

Y = tf.keras.layers.Dense(3, activation='softmax')(H)
model = tf.keras.models.Model(X, Y)
model.compile(loss='categorical_crossentropy',
              metrics='accuracy')

# 3. 데이터로 모델을 학습(fit)합니다.
model.fit(독립, 종속, epochs=1000)
```

10장

1부 정리

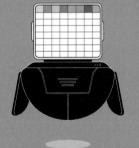

내용을 최대한 덜어내려고 노력했지만 여전히 많은 내용이 담긴 것 같아 마음이 조금 무겁습니다. 한편으로는 너무 많이 덜어내서 충분히 가르쳐 드리지 못한 게 아닐까 걱정스러운 마음도 있습니다.

03분 10초

https://youtu.be/

M9havM4o0nY

7장에서 다음 그림을 보여드리면서 설명드렸는데요. 그때 그림과 함께 설명한 내용이 쉽지 않았음에도 큰 어려움 없이 이해하고 지나오셨다는 걸 눈치채셨나요? 공부하는 과정이어서 깨닫지 못하셨을 수도 있겠습니다. 이 그림이 나오는 곳으로 다시 가서 설명을 읽어보시기 바랍니다.

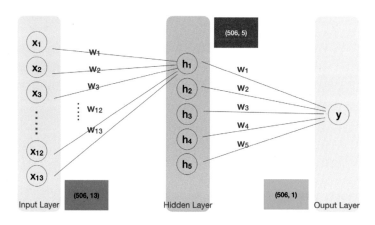

그림 10.1 멀티 레이어 신경망

이번에는 공부가 아닌 감탄을 할 시간입니다. '아! 나는 이제 이런 정도의 내용을 이해하는 사람이 되었구나.'라고 자신을 칭찬하고 뿌듯해하는 시간을 가지면 좋겠습니다.

우리는 1부 "TensorFlow 101" 과정을 통해 표 형태의 데이터를 가지고, 딥러닝 모델을 만들고, 학습을 시키는 데 필요한 최소한의 지식을 배웠습니다.

당연하게도 여러분에게 맨 처음 보여드렸던 이 코드는 이젠 어렵지 않을 것입니다. 혹시 지금 너무 쉽다고 생각하고 있진 않으신가요? 어쨌든 아무런 어려움 없는 코드가 돼 있을 것 같습니다.

```
# 1. 과거의 데이터를 준비합니다.
레모네이드 = pd.read_csv('lemonade.csv')
```

```
독립 = 레모네이드[['온도']]
종속 = 레모네이드[['판매량']]

print(독립.shape, 종속.shape)

# 2. 모델의 구조를 만듭니다.
X = tf.keras.layers.Input(shape=[1])
Y = tf.keras.layers.Dense(1)(X)
model = tf.keras.models.Model(X, Y)
model.compile(loss='mse')

# 3. 데이터로 모델을 학습(fit)합니다.
model.fit(독립, 종속, epochs=1000)

# 4. 모델을 이용합니다.
print("Predictions:", model.predict([[15]]))
```

특히 모델을 만드는 4줄의 코드는 여러 가지 내용이 압축돼 있다는 걸 알게 되었습니다. 여러분은 이 4줄 안에 숨겨져 있던 놀라운 일들이 보이는 사람이 되었습니다. 또한, 낮은 계단을 딛고 올라섰으니 다음 계단으로 옮겨 갈 준비가 되었다고도 할 수 있겠습니다. 물론 바로 다음의 공부로 넘어가셔도 좋습니다.

동시에 열심히 주변의 데이터를 구경해 보시는 걸 시작하셨으면 좋겠습니다. 아마 우리 주변에 데이터가 참 많다는 걸 발견할 수 있을 것입니다. 그 데이터들을 독립변수와 종속변수로 구분해보시고, 종속변수가 숫자인지 범주인지 구분해보세요. 우리가 배운 딥러닝 모델에 그 데이터를 학습시켜 대단한 것을 만들 수는 없을지 상상해보세요.

그리고 데이터를 가져와서 학습시켜보세요. 생각처럼 좋은 결과가 나오지 않더라도 너무 실망하지 마시길 바랍니다. 결과가 잘 나오면 별로 어렵지 않은 문제라는 뜻입니다. 누구나 풀기 쉬운 문제라는 얘기가 됩니다. 여러분이 상상한 그것이 여러분의 가슴을 뛰게 하는 무엇이었다면 비로소 꿈이 생긴 건 아닐까요? 인생을 걸어볼 만한 도전과제가 찾아온 것은 아닐까요?

여기까지입니다. 딥러닝을 만나는 짧지 않은 여정에 함께해주셔서 감사합니다. 딥러닝 엔지니어의 출발점에 서신 걸 진심으로 축하합니다. 또 응원합니다.

02부

텐서플로
102

이 수업은 코드로 딥러닝을 구현해보는 딥러닝 기초 수업입니다.
텐서플로를 이용해 가장 간단한 형태의 이미지 분류 딥러닝 모델을 작성합니다.

- 오픈 튜토리얼스 《텐서플로 102》 수업: https://opentutorials.org/module/5268
- 깃허브 저장소: https://github.com/blackdew/ml-tensorflow

11장

~~~

오리엔테이션

~~~

《텐서플로 102》 수업에서 배울 내용을
소개합니다.

01 오리엔테이션

지금부터 《텐서플로 102》 수업을 시작하겠습니다.

이미지 데이터를 학습에 사용하고 텐서플로 라이브러리를 이용하여 딥러닝 모델을 완성해보는 수업입니다.

이 수업은 텐서플로 입문 수업인 《텐서플로 101》 수업[1]에 의존하고 있습니다. 텐서플로 딥러닝 모델에 표 형태의 데이터를 학습시키는 방법을 모른다면 《텐서플로 101》 수업을 먼저 보시고 이 수업에 참여할 것을 권해드립니다.

이전 수업을 통해 표 형태의 데이터로 학습하는 딥러닝 모델을 텐서플로 라이브러리를 이용해 구현해 보았고, 이제 표 형태의 데이터라면 그 데이터가 어떤 모양이든지 딥러닝 모델을 이용하여 학습할 수 있게 되었습니다.

날짜	요일	온도	판매량
2020.1.3	금	20	40
2020.1.4	토	21	42
2020.1.5	일	22	44

그림 11.1 표 형태의 데이터로 딥러닝

```
# 1.과거의 데이터를 준비합니다.
레모네이드 = pd.read_csv('lemonade.csv')
독립 = 레모네이드[['온도']]
종속 = 레모네이드[['판매량']]
print(독립.shape, 종속.shape)
```

```
# 2. 모델의 구조를 만듭니다
X = tf.keras.layers.Input(shape=[1])
Y = tf.keras.layers.Dense(1)(X)
model = tf.keras.models.Model(X, Y)
model.compile(loss='mse')
```

```
# 3.데이터로 모델을 학습(FIT)합니다.
model.fit(독립, 종속, epochs=1000)
```

```
# 4. 모델을 이용합니다
print("Predictions: ", model.predict([[15]]))
```

---

1   (엮은이) 이 책의 1부에 해당합니다.

《머신러닝 1》 수업에서 티처블 머신이라는 도구를 사용했는데, 그때는 학습 데이터로 표가 아닌 이미지 데이터를 사용했습니다. 또, 요즘 딥러닝의 대표로 유명한 자율주행은 표 형태의 데이터를 이용하지 않습니다. 표가 아닌 형태의 데이터는 어떻게 학습시키는 걸까요?

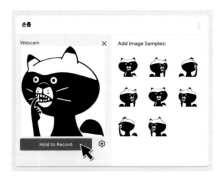 

그림 11.2 티처블머신(왼쪽), 표가 아닌 형태의 데이터(오른쪽)

이미지 분류 문제

이번 수업에서는 가장 간단한 형태의 이미지 분류기를 만들어 볼 텐데요, 표가 아닌 이미지를 가지고 학습하는 가장 간단한 형태의 딥러닝 모델입니다.

이미지는 일상에서 매우 흔하게 사용하는 데이터입니다. 카메라 기술이 발전하고 스마트폰으로 누구나 카메라를 사용할 수 있게 되면서, 우리는 상당히 많은 데이터를 이미지의 형태로 저장하고 사용합니다. 사진을 찍고 이미지를 검색하는 것은 매우 일상적인 일이 되었습니다.

인류에게는 꿈이 있었습니다. 컴퓨터에 보는 법을 알려주는 것입니다. 사물을 보고 어떤 사물인지 이해하는 일을 컴퓨터에도 알려주고 싶었습니다.

처음에는 사람보다 계산을 훨씬 잘하는 컴퓨터들이 두세 살 아이도 할 수 있는 개와 고양이를 구분하는 일을 어렵지 않게 할 수 있으리라 생각했습니다. 금방 할 수 있을 줄 알았죠. AI의 선구자 중 한 사람인 민스키(Marvin Lee Minsky, 1927~2016) 박사는 MIT의 학부 신입생에게 방학 과제로 컴퓨터 비전 과제를 내줍니다. 무려 1966년이었습니다. 다시 말하지만, 대학교 1학년에게 방학 과제로 준 겁니다. 당연히 그 일은 쉬운 일이 아니었고 컴퓨터 비전은 고사하고 이미지를 분류하는 일조차 할 수 없었죠.[2]

2　(엮은이) 마빈 민스키(Marvin Lee Minsky, 1927~2016)는 인공지능 분야를 개척한 과학자이며 MIT 인공지능 연구소의 공동 설립자입니다.

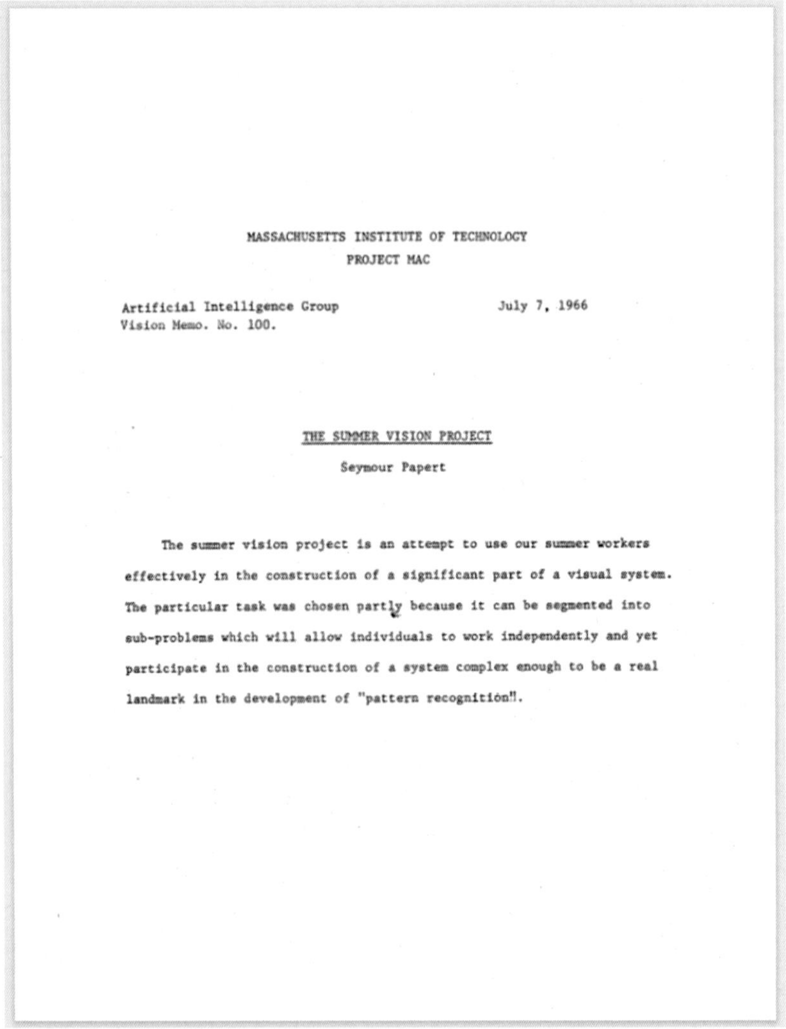

```
        MASSACHUSETTS INSTITUTE OF TECHNOLOGY
                   PROJECT MAC

Artificial Intelligence Group              July 7, 1966
Vision Memo. No. 100.



                  THE SUMMER VISION PROJECT

                      Seymour Papert


        The summer vision project is an attempt to use our summer workers
effectively in the construction of a significant part of a visual system.
The particular task was chosen partly because it can be segmented into
sub-problems which will allow individuals to work independently and yet
participate in the construction of a system complex enough to be a real
landmark in the development of "pattern recognition".
```

그림 11.3 The Summer Vision Project[3]

2012년 힌튼 교수가 이미지 분류 딥러닝 모델인 AlexNet을 발표하기 전까지는 세상 누구도 하지 못하던 과제였습니다.

---

3   (엮은이) 《The Summer Vision Project》는 남아공 출신의 수학자이자 컴퓨터 과학자인 시모어 페퍼트(Seymour Papert, 1928~2016)가 제안했습니다 (http://people.csail.mit.edu/brooks/idocs/AIM-100.pdf).

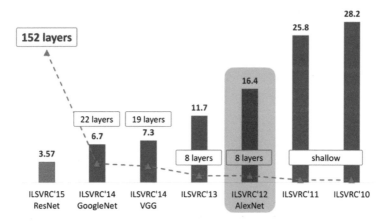

그림 11.4 이미지 분류 모델 비교

이번 수업에서는 손글씨 숫자 이미지를 분류하는 문제를 중심으로 이미지 분류기를 만들어볼 겁니다. 수업 말미에는 10가지 종류의 사진 이미지를 분류하는 문제도 다뤄 봅니다. 각자가 가진 이미지들을 가지고 학습하는 방법도 알려 드릴 겁니다.

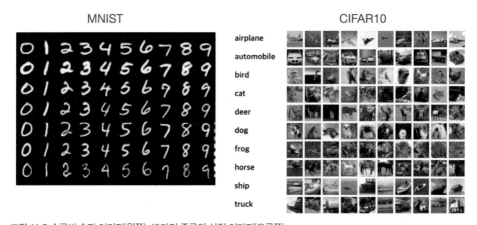

그림 11.5 손글씨 숫자 이미지(왼쪽), 10가지 종류의 사진 이미지(오른쪽)

물론 이번에도 지난 수업과 마찬가지로 가장 간단한 형태의 코드를 반복해서 경험하면서, 또한 이론은 최소한으로 배우면서 수업을 진행할 예정입니다.

기대가 되시나요? 컴퓨터에 보는 법을 가르쳐 봅시다. 컴퓨터의 비전 선생님이 되어 봅시다!

12장

데이터와 차원

'차원'이라는 용어는 관점에 따라
다른 뜻으로 쓰입니다.
어떨 때 어떤 의미로 쓰이는지 정리합니다.

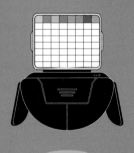

01 | 데이터와 차원

 https://youtu.be/Kmyo7cZJQ1s ⏱ 09분 00초

컴퓨터에 이미지를 학습시키려면 먼저 이미지 데이터가 어떻게 생겼는지 이해할 필요가 있습니다.

용어 지옥

데이터 과학 분야가 어려운 이유 중 하나가 용어입니다. 그야말로 '용어 지옥'이라고 할 수 있겠는데요, 특히 어려움을 더하는 요인은 세 가지가 있습니다.

첫 번째로, 생소한 용어가 너무 많습니다. 끊임없이 등장하는 새로운 용어들에 질식할 것만 같죠.

두 번째로, 하나의 대상을 부르는 다양한 표현이 있습니다. 표의 열과 행이 대표적인 예라고 할 수 있겠는데요, 열은 변수, 특징이라는 이름, 행은 관측치, 레코드라는 다른 이름이 있다고 말씀드렸습니다.

이와 반대로 하나의 표현이 몇 가지 다른 의미로 해석되기도 합니다. 이 점이 가장 문제가 됩니다. 《텐서플로 101》 수업에 나온 '변수'라는 용어를 예로 들면, 데이터 측면에서는 칼럼을 의미하지만, 프로그래밍 관점에서는 데이터를 저장하는 공간의 의미가 있다고 말씀드렸습니다. 어떤 맥락에서 사용하는지 정확하게 알고 있지 않으면 이해하려는 내용이 전혀 엉뚱한 의미가 되어, 우리는 '이게 대체 뭔 소린가' 하고 좌절을 맛보게 됩니다. 이번 수업에서 공부할 '차원'도 바로 이 세 번째 유형에 해당하는 용어입니다.

'차원'이라는 말의 두 가지 의미

이제부터 차원이라는 말의 두 가지 의미를 알아볼 텐데요, 어떤 때는 표의 열, 즉 칼럼의 관점에서 자원을 이야기하고, 또 어떤 때는 데이터 사이의 포함 관계를 바라보는 관점에서 차원을 이야기하기도 합니다. 이것에 대해 알아보겠습니다.

표의 열 관점에서 차원을 사용

우선 칼럼 관점에서 차원을 사용하는 경우를 생각해 봅시다.

온도와 판매량이라는 2개의 변수로 이루어진 데이터가 있습니다. 관측치는 5개입니다. 각 데이터들을 2차원의 좌표 평면 위에 나타낼 수 있는데, 다섯 개의 점으로 표현할 수 있습니다.

각 점은 1개의 관측치를 나타냅니다.

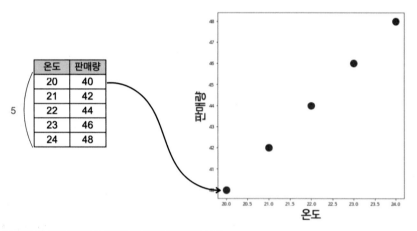

그림 12.1 온도와 판매량 변수를 2차원 좌표평면의 점으로 표현

습도라는 변수를 추가하여 변수가 3개인 표를 구성한다면 데이터는 3차원 공간의 한 점으로 표현할 수 있게 됩니다.

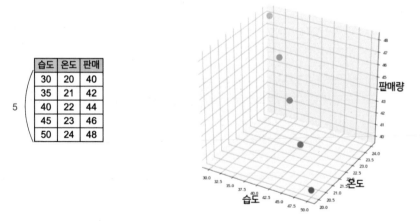

그림 12.2 습도 변수를 추가해 3차원 공간의 한 점으로 표현

칼럼의 개수가 n개라면 각 데이터는 n차원 공간의 한 점으로 표현할 수 있습니다. 즉, 변수의 개수는 데이터를 표현하는 공간의 차원 수와 같습니다.

표의 데이터로 공간을 옮기게 되면 모든 데이터를 기하학적인 관점으로 바라보고 해석할 수 있게 됩니다. 간단하게 설명하자면 데이터 간의 거리를 잴 수 있게 되고, 데이터 사이의 가까운 정도를 숫자로 정밀하게 비교할 수 있게 된다는 의미입니다.

이처럼 '차원'을 말할 때 데이터를 공간 속에 표현한다는 맥락에서 사용하면 변수의 개수가 공간의 차원 수가 되는 겁니다.

데이터 포함 관계의 관점에서 차원을 사용

이번에는 데이터 포함 관계의 관점에서 차원이 사용되는 것을 살펴보겠습니다. 데이터 포함 관계는 배열의 깊이와 관련이 있습니다.

아이리스의 데이터를 가져왔는데요, 각 데이터는 4차원 공간에 표현된 데이터입니다. 방금 배운 거죠. 열이 4개니까 4차원입니다.

표 12.1 4차원 공간에 표현되는 관측치

꽃잎 길이	꽃잎 폭	꽃받침 길이	꽃받침 폭
5.1	3.5	1.4	0.2
4.9	3.0	1.5	0.2
4.7	3.2	1.3	0.2

관측치 하나를 코드로 표현해 봅시다. 이렇게 하나의 배열에 값이 들어가 있는 모양을 1차원이라고 합니다. x1의 shape를 출력하면 숫자가 1개 들어가 있죠. 그래서 1차원입니다. 숫자가 4인 것은 4개의 요소를 지니고 있다는 뜻입니다.

```
x1 = np.array([5.1, 3.5, 1.4, 0.2])
print(x1.ndim, x1.shape)
```

실행 결과

```
1 (4, )
```

다른 2개의 관측치도 각각 같은 코드로 작성해 볼 수 있습니다.

```
x2 = np.array([4.9, 3.0, 1.4, 0.2])
x3 = np.array([4.7, 3.2, 1.3, 0.2])
```

표는 이 관측치들의 모음으로 만들게 되는데, 코드로 표현하면 다음과 같습니다.

```
아이리스 = np.array([x1, x2, x3])
print(아이리스.ndim, 아이리스.shape)
```

실행 결과

```
2 (3, 4)
```

1차원의 배열 3개를 품고 있는 배열 하나([x1, x2, x3])가 만들어졌습니다. 즉, 배열의 깊이가 2가 되었고 깊이가 2라서 shape를 출력하면 두 개의 숫자 (3, 4)가 들어 있습니다. 이것을 2차원 형태라고 부릅니다.

이처럼 차원을 말할 때 데이터의 형태를 표현하는 맥락에서 사용하면 배열의 깊이는 차원수가 됩니다. 보다시피 차원이라는 말은 맥락에 따라 다르게 사용됩니다. 변수의 개수를 차원수로 이해할 때도 있고, 배열의 깊이를 차원수라고 이해할 때도 있습니다.

여기서 잠시 멈추고 차원이라는 용어를 이해하는 시간을 가져보시기 바랍니다. 이렇게 차원을 말씀드리는 이유는 우리가 이제부터 보려는 이미지는 표의 관측치처럼 1차원 형태가 아니기 때문입니다.

표의 열 vs. 포함 관계

이제 우리는 표를 벗어난 데이터를 이해할 준비가 되었습니다. 이미지 파일 하나가 데이터의 관점에서는 관측치 하나라고 할 수 있는데요, 흑백의 이미지는 데이터 하나가 2차원 형태를 가집니다.

데이터 공간의 맥락(=표의 열) vs 데이터 형태의 맥락(=포함 관계)

지금 샘플로 구성한 데이터는 (2, 2) 모양을 가지고 있습니다.

```
img1  = np.array([
  [  0,   255],
  [255,    0]
])
print(img1.ndim, img1.shape)
```

```
2 (2, 2)
```

출력해 보면 이렇게 생긴 이미지입니다.

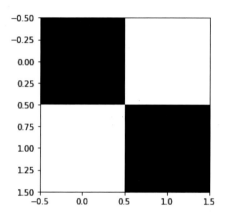

그림 12.3 2×2 이미지

이미지 데이터 자체는 뒤에 조금 더 자세히 살펴보겠습니다. 지금은 데이터 모양, 차원에 집중해주세요.

왼쪽의 관측치를 2개 추가했듯이 이미지를 2개 더 추가합니다. 코드가 한 줄로 되어 있어서 img1을 만들 때 작성한 코드와 달라 보이지만 같은 형태의 데이터를 만드는 코드입니다.

```
img2 = np.array([[255, 255], [255, 255]])
img3 = np.array([[0, 0], [0, 0]])
```

관측치를 모아 하나의 표를 구성합니다.

```
아이리스 = np.array([x1, x2, x3])
print(아이리스.ndim, 아이리스.shape)
```

```
2 (3, 4)
```

이미지들을 모아서 이미지셋을 구성합니다. 이렇게 만들어진 이미지셋은 3차원 형태로 표현되어 있고 (3, 2, 2) 모양인 것을 알 수 있습니다.

```
이미지셋 = np.array([img1, img2, img3])
print(이미지셋.ndim, 이미지셋.shape)
```

```
3 (3, 2, 2)
```

x1, x2, x3와 img1, img2, img3는 가지고 있는 요소들의 개수가 4개입니다. 데이터 형태를 표현하는 관점에서 x1은 1차원 형태, img1은 2차원 형태로 서로 다르지만, 데이터 공간의 맥락에서는 x1과 img1 모두 동일하게 4차원 공간의 한 점으로 표현할 수 있는 관측치입니다.

데이터 형태의 맥락(=포함 관계) 연습

데이터 형태의 맥락에서 한 번 더 연습해 보겠습니다.

다음 코드의 d1은 1차원 형태의 데이터입니다. shape를 출력하면 3이라는 숫자 하나만 있습니다.

```
d1 = np.array([1, 2, 3])
print(d1.ndim, d1.shape)
```

```
1 (3, )
```

d2는 d1을 5개 가지고 있습니다. 2차원 형태입니다. shape를 출력하면 5와 3, 두 개의 숫자를 가지고 있습니다.

```
d2 = np.array([d1, d1, d1, d1, d1])
print(d2.ndim, d2.shape)
```

```
2 (5, 3)
```

d3는 d2를 4개 가지고 있습니다. shape는 4, 5, 3이고 숫자의 개수가 3개니까 3차원 형태입니다.

```
d3 = np.array([d2, d2, d2, d2])
print(d3.ndim, d3.shape)
```

```
3 (4, 5, 3)
```

d4는 d3를 2개 가지고 있네요. shape는 2, 4, 5, 3이 되고 shape의 숫자의 개수가 4개니까 4차원 형태입니다.

```
d4 = np.array([d3, d3])
print(d4.ndim, d4.shape)
```

```
4 (2, 4, 5, 3)
```

데이터 형태의 맥락에서 배열에 깊이가 차원수라는 것이 조금 더 이해되시나요? 이렇게 1차원, 2차원 등 여러 차원 형태로 구성된 데이터의 모습을 **텐서**(tensor)라고 합니다.

tensor

d2 = np.array([d1, d1, d1, d1, d1])
print(d2.ndim, d2.shape)
# 2차원 형태, (5, 3)

d4 = np.array([d3, d3])
print(d4.ndim, d4.shape)
# 4차원 형태, (2, 4, 5, 3)

그림 12.4 텐서

우리가 지금 사용하는 라이브러리인 텐서플로는 이러한 텐서가 흘러가면서 모델을 학습한다는 것에 착안해 이름을 붙인 것입니다.

정리

정리해 보겠습니다.

- 데이터 공간의 맥락에서는 '변수의 개수'가 차원의 수입니다.
- 데이터 형태의 맥락에서는 '배열의 깊이'가 차원의 수입니다.

이제 여러분은 차원이라는 개념을 아는 사람이 되었습니다. 계속 반복해서 차원의 개념을 바탕으로 데이터를 바라보는 연습을 하시기 바랍니다. 보이지 않던 것들이 보이고, 이해가 되지 않던 것들이 이해되기 시작할 것입니다.

차원이라는 개념을 알게 된 것을 축하드립니다!

13장

이미지 데이터 이해

이번 장에서는 이미지 데이터가 어떻게 생겼는지
살펴보고, 차원의 개념을 가지고
이미지 데이터를 이해해봅니다.

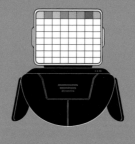

01 이미지 데이터 구경하기

이번에는 우리가 앞으로 사용할 이미지들을 먼저 구경해보고, 앞서 배운 차원의 관점으로 이미지 데이터를 바라보고 이해하는 연습도 겸해서 할 것입니다.

이러한 전체 과정에서 MNIST라는 손글씨 숫자 이미지셋과 CIFAR-10이라는 10가지 사물 분류를 위한 이미지셋을 사용하겠습니다. MNIST는 흑백 이미지, CIFAR-10은 컬러 이미지입니다.

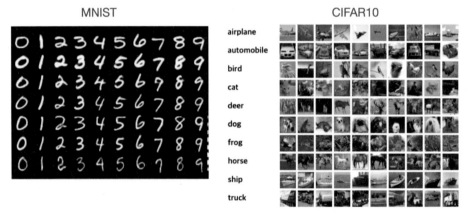

그림 13.1 MNIST 데이터셋(왼쪽)과 CIFAR-10 데이터셋(오른쪽)

MNIST 이미지

손글씨 이미지 하나를 가져와 보았습니다. 5라는 숫자가 쓰여 있네요.

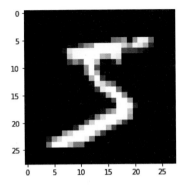

그림 13.2 MNIST에서 가져온 숫자 5의 손글씨 이미지

컴퓨터에게 이 이미지는 숫자들의 모은 것에 불과합니다. 다음 그림에서 5라는 숫자가 보이시나요? 실눈을 뜨고 보면 숫자들의 뭉치 사이에서 5라는 이미지가 보일 것입니다.

28

28

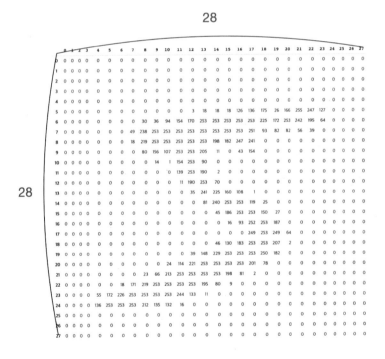

	0	1	2	3	4	5	6	7	8	9	10	11	12	13	14	15	16	17	18	19	20	21	22	23	24	25	26	27
0	0	0	0	0	0	0	0	0	0	0	0	0	0	0	0	0	0	0	0	0	0	0	0	0	0	0	0	0
1	0	0	0	0	0	0	0	0	0	0	0	0	0	0	0	0	0	0	0	0	0	0	0	0	0	0	0	0
2	0	0	0	0	0	0	0	0	0	0	0	0	0	0	0	0	0	0	0	0	0	0	0	0	0	0	0	0
3	0	0	0	0	0	0	0	0	0	0	0	0	0	0	0	0	0	0	0	0	0	0	0	0	0	0	0	0
4	0	0	0	0	0	0	0	0	0	0	0	0	0	0	0	0	0	0	0	0	0	0	0	0	0	0	0	0
5	0	0	0	0	0	0	0	0	0	0	0	3	18	18	18	126	136	175	26	166	255	247	127	0	0	0	0	0
6	0	0	0	0	0	0	0	30	36	94	154	170	253	253	253	253	253	225	172	253	242	195	64	0	0	0	0	0
7	0	0	0	0	0	0	49	238	253	253	253	253	253	253	253	251	93	82	82	56	39	0	0	0	0	0	0	0
8	0	0	0	0	0	0	18	219	253	253	253	253	253	198	182	247	241	0	0	0	0	0	0	0	0	0	0	0
9	0	0	0	0	0	0	0	80	156	107	253	253	205	11	0	43	154	0	0	0	0	0	0	0	0	0	0	0
10	0	0	0	0	0	0	0	0	14	1	154	253	90	0	0	0	0	0	0	0	0	0	0	0	0	0	0	0
11	0	0	0	0	0	0	0	0	0	0	139	253	190	2	0	0	0	0	0	0	0	0	0	0	0	0	0	0
12	0	0	0	0	0	0	0	0	0	11	190	253	70	0	0	0	0	0	0	0	0	0	0	0	0	0	0	0
13	0	0	0	0	0	0	0	0	0	0	35	241	225	160	108	1	0	0	0	0	0	0	0	0	0	0	0	0
14	0	0	0	0	0	0	0	0	0	0	0	81	240	253	253	119	25	0	0	0	0	0	0	0	0	0	0	0
15	0	0	0	0	0	0	0	0	0	0	0	0	45	186	253	253	150	27	0	0	0	0	0	0	0	0	0	0
16	0	0	0	0	0	0	0	0	0	0	0	0	0	16	93	252	253	187	0	0	0	0	0	0	0	0	0	0
17	0	0	0	0	0	0	0	0	0	0	0	0	0	0	0	0	249	253	249	64	0	0	0	0	0	0	0	0
18	0	0	0	0	0	0	0	0	0	0	0	0	46	130	183	253	253	207	2	0	0	0	0	0	0	0	0	0
19	0	0	0	0	0	0	0	0	0	39	148	229	253	253	253	250	182	0	0	0	0	0	0	0	0	0	0	0
20	0	0	0	0	0	0	0	24	114	221	253	253	253	253	201	78	0	0	0	0	0	0	0	0	0	0	0	0
21	0	0	0	0	0	0	23	66	213	253	253	253	253	198	81	2	0	0	0	0	0	0	0	0	0	0	0	0
22	0	0	0	0	0	18	171	219	253	253	253	253	195	80	9	0	0	0	0	0	0	0	0	0	0	0	0	0
23	0	0	0	0	55	172	226	253	253	253	253	244	133	11	0	0	0	0	0	0	0	0	0	0	0	0	0	0
24	0	0	0	0	136	253	253	253	212	135	132	16	0	0	0	0	0	0	0	0	0	0	0	0	0	0	0	0
25	0	0	0	0	0	0	0	0	0	0	0	0	0	0	0	0	0	0	0	0	0	0	0	0	0	0	0	0
26	0	0	0	0	0	0	0	0	0	0	0	0	0	0	0	0	0	0	0	0	0	0	0	0	0	0	0	0
27	0	0	0	0	0	0	0	0	0	0	0	0	0	0	0	0	0	0	0	0	0	0	0	0	0	0	0	0

그림 13.3 숫자 5의 이미지를 나타내는 숫자들의 모음

숫자들의 집합이 2차원 형태 (28, 28)의 모양으로 이루어져 있습니다. 가로로 28개의 칸, 세로로 28개의 칸에 채워진 숫자들이죠. 각각의 숫자는 점의 까맣고 하얀 정도를 나타냅니다 (0: 검정, 255: 흰색).

이 안에 숫자가 몇 개 있을까요? 가로세로 28×28=784개의 숫자가 있습니다.

앞에서 차원의 개념을 배웠습니다. 차원의 개념을 알고 있는 우리는 이 이미지를 이렇게 말할 수 있습니다. 이 이미지 하나는 2차원 형태로 되어 있고, 784차원 공간의 한 점으로 표현할 수 있다고 말이죠. 이 이미지가 6만 장 준비되어 있다면 이미지셋 데이터의 형태는 (60000, 28, 28)이 되겠죠.

CIFAR-10 이미지

CIFAR-10 이미지 하나를 가져와 보았습니다. 빨간색 자동차 이미지입니다.

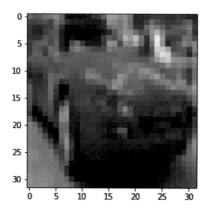

그림 13.4 CIFAR-10 데이터셋의 이미지

이 이미지 역시 컴퓨터에게는 이미지가 아니라 숫자들의 모음으로 인지됩니다. 가로로 32개의 칸, 세로로 32개의 칸에 채워진 숫자들입니다.

컬러 이미지는 흑백과 다른 점이 있는데요, (32, 32) 2차원 숫자 집합이 3개 존재합니다. 각각 빨간 점에 대한 숫자, 녹색 점에 대한 숫자, 파란 점에 대한 숫자들입니다.

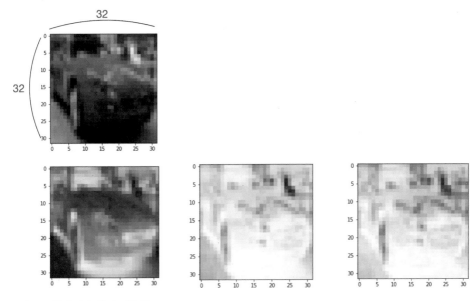

그림 13.5 빨간 점, 녹색 점, 파란 점

앞서 보신 데이터로 설명하자면 흑백에서는 각 칸에 흑백에 대한 숫자가 하나씩 들어 있는데요, 컬러는 각 칸에 숫자가 3개씩 들어 있다고 생각하면 됩니다. 빨강과 녹색과 파랑에 대한 숫자가 들어 있는 것입니다. 즉, (32, 32)의 각 점이 세 개의 값을 갖게 됩니다.

0~255의 값으로 하나는 빨간색의 농도, 하나는 녹색의 농도, 하나는 파란색의 농도를 나타냅니다. 따라서 개별 CIFAR-10 이미지는 (32, 32, 3)의 모양이 되고 3차원 형태입니다.

32×32×3=3,072인데요, CIFAR-10 이미지 하나에는 3,072개의 숫자가 들어 있고 이미지 하나는 3,072차원의 공간의 한 점으로 표현된다고 말할 수 있겠습니다.

이 이미지가 5만 장 준비되어 있다면 이미지셋의 모양은 4차원인 (50000, 32, 32, 3)이 됩니다.

사진의 속성

저희 집에 '키키'라는 강아지가 있습니다. 다음은 키키의 사진과 그 속성입니다.

이미지 크기 속성을 보면 '2448×3264 픽셀'이라고 되어 있습니다. 이 이미지에는 숫자가 몇 개 들어 있을까요? 2448에 3264를 곱하고, 컬러 이미지이므로 3을 또 곱합니다. 총

23,970,816개의 숫자가 들어 있네요. 이미지 한 장에는 실로 어마어마한 양의 숫자가 들어 있습니다.

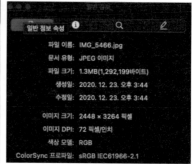

그림 13.6 사진의 속성

컴퓨터에 이미지를 학습시킬 때 이렇게 큰 이미지를 그대로 사용하지는 않습니다. 적당한 크기로 줄여서 사용해야 합니다.

샘플 이미지

이제 이미지 데이터가 어떻게 구성되고, 컴퓨터가 이미지를 어떻게 해석하고 사용하는지 알게 되었습니다. 이미지에 대해 충분히 알게 되었으니 이제 모델을 만들고 학습시키는 방법을 배우면 되겠습니다.

다음 단계로 가기 전에 지금까지 배운 내용과 관련된 코드를 구경하고 함께 실습할 텐데요, MNIST와 CIFAR-10 이미지 데이터는 텐서플로에서 학습을 위해 샘플 이미지를 준비해 두었습니다. 이 샘플 이미지를 가지고 학습을 진행하겠습니다.

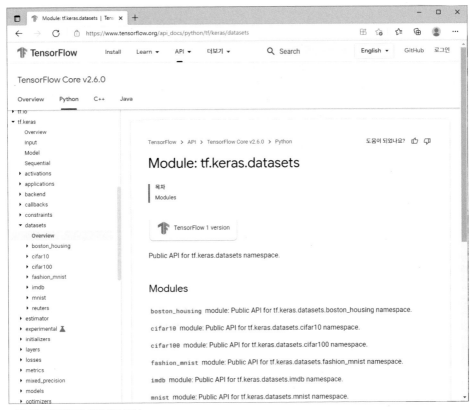

그림 13.7 텐서플로 데이터셋 문서

사용하는 코드는 다음과 같습니다. 독립변수와 종속변수의 shape에 집중해서 보시면 되겠습니다.

```
# MNIST
(독립, 종속), _ = tf.keras.datasets.mnist.load_data()
print(독립.shape, 종속.shape)
```

실행 결과
(60000, 28, 28) (60000,)

독립변수의 shape는 앞에서 본 숫자와 동일하게 돼 있는 걸 알 수 있죠.

MNIST는 28×28 이미지 6만 장으로 이루어져 있고 이미지마다 어떤 숫자인지에 대한 정답이 6만 개 있습니다.

```
# CIFAR10
(독립, 종속), _ = tf.keras.datasets.cifar10.load_data()
print(독립.shape, 종속.shape)
```

실행 결과
(50000, 32, 32, 3) (50000, 1)

CIFAR-10은 (32, 32, 3) 이미지 5만 장으로 되어 있고 이미지마다 하나씩 총 5만 개의 종속변수가 있습니다. 다만 종속변수의 shape는 MNIST는 1차원인데 CIFAR-10은 2차원으로 조금 다르게 되어 있는데, 그 이유는 실습하면서 확인해보겠습니다.

02 | 이미지 데이터 실습

샘플 이미지셋 실습수업을 시작하겠습니다.

라이브러리 사용

텐서플로 라이브러리를 임포트합니다.

```
import tensorflow as tf
```

샘플 이미지셋 불러오기

텐서플로에서 제공하는 샘플 이미지셋을 가져옵니다.

```
01 (mnist_x, mnist_y), _ = tf.keras.datasets.mnist.load_data()
02 print(mnist_x.shape, mnist_y.shape)
03
04 (cifar_x, cifar_y), _ = tf.keras.datasets.cifar10.load_data()
05 print(cifar_x.shape, cifar_y.shape)
```

- 1번 행: MNIST 데이터를 가져와서 독립변수와 종속변수를 각각 mnist_x와 mnist_y 변수로 담았습니다.

- 4번 행: CIFAR-10 데이터를 가져와서 독립변수와 종속변수를 cifar_x와 cifar_y 변수에 담았습니다.

여기서 콤마(,)와 언더바(_)를 빠뜨리지 말고 작성해야 오류가 생기지 않습니다. 언더바라는 이름으로 변수를 만든 것이고 여기에도 값이 담깁니다. 여기서는 그 값을 사용하지 않겠다는 뜻으로 언더바를 사용했습니다.

코드를 실행하면 다운로드가 이뤄집니다. 다운로드한 파일의 URL이 결과에 출력되는데, 이미 받은 데이터는 다시 실행하더라도 다시 받아 오지 않습니다. 이미 파일을 받아 온 상태이므로 받아온 파일이 로딩됩니다.

```
Downloading data from https://storage.googleapis.com/tensorflow/tf-keras-datasets/mnist.npz
11493376/11490434 [==============================] - 0s 0us/step
(60000, 28, 28) (60000,)
Downloading data from https://www.cs.toronto.edu/~kriz/cifar-10-python.tar.gz
170500096/170498071 [==============================] - 2s 0us/step
(50000, 32, 32, 3) (50000, 1)
```

mnist_x는 흑백 이미지여서 shape를 확인해보면 (60000, 28, 28)의 3차원 형태의 데이터임을 볼 수 있습니다. 이미지 한 장은 (28, 28)로 2차원 형태, 그리고 정답은 6만 개의 숫자로 이루어져 있습니다. mnist_y는 각각의 이미지가 어떤 숫자를 나타내는 이미지인지에 대한 정답 정보를 가지고 있습니다.

CIFAR-10은 4차원 형태의 컬러 이미지이므로 맨 뒤에 3개씩 들어 있습니다. 한 장의 이미지는 (32, 32, 3) 형태로 받아집니다. 종속변수는 5만 개의 숫자를 갖고 있으며 2차원으로 되어 있습니다.

화면 출력

로딩한 데이터셋에서 이미지 한 장을 화면에 출력해서 확인해보겠습니다.

먼저 matplotlib.pyplot 모듈을 plt라는 이름으로 임포트합니다.

```
import matplotlib.pyplot as plt
```

plt에는 이미지를 보여주는 imshow()라는 함수가 있습니다. 그 함수로 이미지를 출력할 것입니다.

MNIST

MNIST에 있는 총 6만 장의 이미지 중 한 장만 가져와서 출력해보려고 합니다. 다음과 같이 0번 이미지를 가져와서 출력합니다. 회색조(grayscale) 이미지이므로 cmap='gray'로 설정합니다.

```
plt.imshow(mnist_x[0], cmap='gray')
```

실행 결과

```
<matplotlib.image.AxesImage at 0x7fab54c82ef0>
```

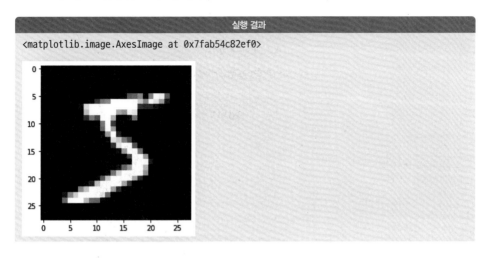

이 이미지(mnist_x[0])가 나타내는 숫자(mnist_y[0])를 출력해보면 5라는 값이 들어 있습니다.

```
print(mnist_y[0])
```

실행 결과

```
5
```

이번에는 10개의 값을 출력해보겠습니다.

```
print(mnist_y[0:10])
```

실행 결과

```
[5 0 4 1 9 2 1 3 1 4]
```

mnist_x[1]을 출력하면 숫자 0의 이미지가 나오고, mnist_x[2]는 4의 이미지, mnist_x[4]는 9의 이미지가 나와야겠죠.

```
plt.imshow(mnist_x[1], cmap='gray')
```

<matplotlib.image.AxesImage at 0x7fab54647320>

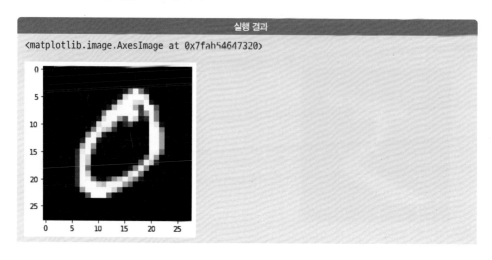

```
plt.imshow(mnist_x[2], cmap='gray')
```

<matplotlib.image.AxesImage at 0x7fab545a73c8>

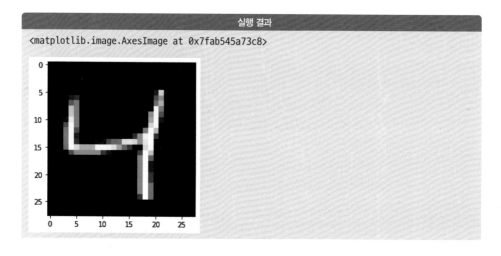

```
plt.imshow(mnist_x[4], cmap='gray')
```

<matplotlib.image.AxesImage at 0x7fab544e4518>

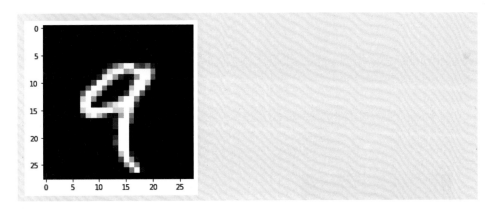

이렇게 화면에 출력해 볼 수 있습니다.

CIFAR-10

이번에는 CIFAR-10 데이터셋을 살펴보겠습니다.

정답(cifar_y) 중에서 처음 10개를 출력해보겠습니다.

```
print(cifar_y[0:10])
```

실행 결과
[[6]
[9]
[9]
[4]
[1]
[1]
[2]
[7]
[8]
[3]]

첫 번째 이미지(cifar_x[0])와 그에 해당하는 정답(cifar_y[0])을 함께 출력해보겠습니다.[1]
컬러 이미지이므로 cmap='gray' 옵션은 사용하지 않습니다.

---

1 (엮은이) 강의 영상에서는 cifar_y[0:10]과 이미지를 함께 출력했는데, 책에서는 좀 더 명확하게 나타내기 위해 출력 범위를 좁혔습니다.

```
print(cifar_y[0])

import matplotlib.pyplot as plt
plt.imshow(cifar_x[0])
```

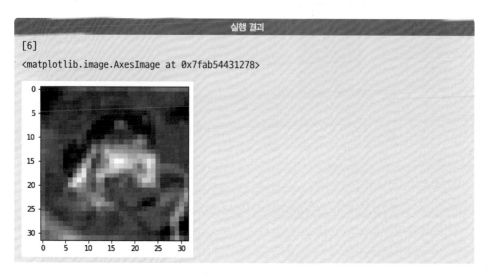

첫 번째 이미지의 정답은 6입니다.

두 번째 이미지도 출력해보겠습니다. 두 번째는 트럭의 이미지이고 정답은 9입니다.

```
print(cifar_y[1])
plt.imshow(cifar_x[1])
```

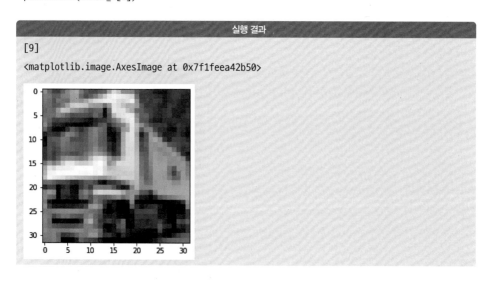

그런데 분류가 이렇게 숫자로 되어 있으니까 어떤 이미지인지 잘 모르겠죠? 검색 엔진에 'cifar10 category'로 검색해서 〈CIFAR-10 and CIFAR-100 datasets〉 페이지[2]에 방문해보세요.

0번째 분류는 airplane(비행기), 1번째는 automobile(자동차), 9번은 truck(트럭)인 것을 볼 수 있습니다. 6번은 뭐였을까요? frog(개구리)입니다.

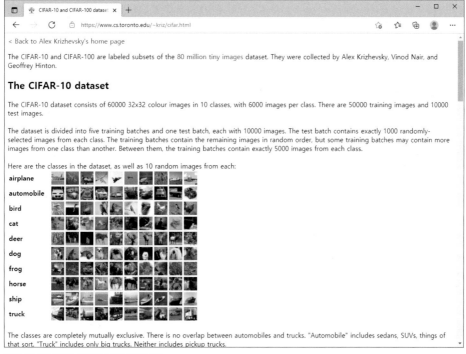

그림 13.8 CIFAR-10 데이터셋 홈페이지

이미지를 화면에 출력해 보고 정답이 어떻게 구성되어 있는지 맷플롯립(matplotlib)으로 확인해보시면 됩니다. 여러 가지 이미지들을 구경해보시기 바랍니다.

차원 확인

이번에는 차원을 확인해보겠습니다.

---

2 https://www.cs.toronto.edu/~kriz/cifar.html

넘파이 라이브러리

여기서는 차원을 확인하기 위해 넘파이(numpy) 라이브러리를 이용합니다.

```
import numpy as np
```

데이터 형태로 차원을 이해하는 방법

d1을 선언해 봅시다. 다음과 같이 숫자 다섯 개를 넘파이 배열로 선언하면 d1은 1차원 형태고 5개 요소를 갖습니다. 그런데 shape를 찍었을 때 숫자가 하나 들어 있으므로 깊이가 1차원입니다.

```
d1 = np.array([1, 2, 3, 4, 5])
print(d1.shape)
```

실행 결과

```
(5,)
```

d2를 만들어 보겠습니다. d1을 4개 들고 있는 d2를 만듭니다. d2.shape를 출력해 보면 2차원 이겠죠?

```
d2 = np.array([d1, d1, d1, d1])
print(d2.shape)
```

실행 결과

```
(4, 5)
```

d3도 만들어 보겠습니다. d3는 (4, 5)인 d2를 3개 들고 있으므로 3차원입니다.

```
d3 = np.array([d2, d2, d2])
print(d3.shape)
```

실행 결과

```
(3, 4, 5)
```

d4는 d3를 2개 갖습니다. 이렇게 하면 4차원 형태의 데이터가 되겠죠.

```
d4 = np.array([d3, d3])
print(d4.shape)
```

실행 결과
(2, 3, 4, 5)

데이터 형태로 차원을 이해하는 방법을 눈여겨보시기 바랍니다. 실습해 보면 금방 알 수 있습니다.

MNIST와 CIFAR-10의 종속변수의 형태를 비교하기

앞에서 MNIST의 종속변수(mnist_y)와 CIFAR-10의 종속변수(cifar_y)의 shape가 달랐죠? 6만 개의 숫자가 들어 있는데 다르게 되어 있습니다.

```
print(mnist_y.shape)
print(cifar_y.shape)
```

실행 결과
(60000,)
(50000, 1)
(5,), (5, 1), (1, 5) 비교

이해를 돕기 위해 숫자가 5개 들어 있는 x1을 선언하고 x1.shape를 출력해보겠습니다.

```
x1 = np.array([1, 2, 3, 4, 5])
print(x1.shape)
```

실행 결과
(5,)

mnist_y는 이런 식으로 숫자들이 구성되어 있다고 볼 수 있습니다. mnist_y에서 5개만 출력해볼까요?[3]

```
print(mnist_y[0:5])
```

실행 결과

```
[5 0 4 1 9]
```

mnist_y에서 5개만 끊어낸 mnist_y[0:5]의 shape는 어떻게 될까요? x1의 shape와 똑같이 나옵니다.

```
print(mnist_y[0:5].shape)
```

실행 결과

```
(5,)
```

x2를 만들어 보겠습니다. 이번에는 대괄호를 두 번 썼습니다. 이것은 어떤 모양을 가지고 있을까요?

```
x2 = np.array([[1, 2, 3, 4, 5]])
print(x2.shape)
```

실행 결과

```
(1, 5)
```

x2에는 [1, 2, 3, 4, 5]라는 배열 한 개가 들어 있습니다. 그래서 (1, 5)라고 출력됩니다. 2차원 형태인데, 5개의 요소로 이뤄진 배열을 한 개 들고 있습니다.

---

3   (엮은이) 강의 영상에서는 코드 셀을 계속 덮어쓰면서 여러 행의 출력을 한곳에 보여주는데, 지면에 그대로 옮기면 보기 불편하므로 코드를 분리했습니다.

아래 코드는 요소 5개짜리가 3개 들어 있는 형태가 되겠죠. d2에서 만들었던 것과 비슷한 형태라고 생각하시면 되겠습니다.

```python
x2 = np.array([[1, 2, 3, 4, 5], [1, 2, 3, 4, 5], [1, 2, 3, 4, 5]])
print(x2.shape)
```

실행 결과
(3, 5)

마지막으로, (5, 1)을 만들려면 어떻게 해야 할까요? 요소를 각각 하나씩 주는 것입니다.

```python
x3 = np.array([[1], [2], [3], [4], [5]])
print(x3.shape)
```

실행 결과
(5, 1)

그러면 (5, 1)로 됩니다. 이것이 바로 cifar_y[0:5]의 형태입니다.

```python
print(cifar_y[0:5])
print(cifar_y[0:5].shape)
```

실행 결과
[[6]
[9]
[9]
[4]
[1]]
(5, 1)

실행 결과를 보면 한 차원에 있는 데이터가 여러 개 들어가 있죠? 2차원 상태로 들어가 있고, shape는 (5, 1)로 출력됐습니다.

정리

MNIST와 CIFAR-10의 모양이 다르다는 것을 기억하면 좋겠습니다. 나중에 원핫 인코딩을 할 때 약간 고민을 해야 합니다. 그 고민을 하라고 일부러 shape를 다르게 텐서플로에서 구성 해준 것 같습니다.

이쯤에서 이번 수업을 마치겠습니다. 수고하셨습니다.

전체 코드

코드 practice1-preview.ipynb

```python
# 라이브러리 사용
import tensorflow as tf


# 샘플 이미지셋 불러오기
(mnist_x, mnist_y), _ = tf.keras.datasets.mnist.load_data()
print(mnist_x.shape, mnist_y.shape)


(cifar_x, cifar_y), _ = tf.keras.datasets.cifar10.load_data()
print(cifar_x.shape, cifar_y.shape)


# 이미지 출력하기

print(mnist_y[0:10])


import matplotlib.pyplot as plt
plt.imshow(mnist_x[4], cmap='gray')


print(cifar_y[0:10])


import matplotlib.pyplot as plt
plt.imshow(cifar_x[0])


# 차원 확인
import numpy as np


d1 = np.array([1, 2, 3, 4, 5])
print(d1.shape)
```

```python
d2 = np.array([d1, d1, d1, d1])
print(d2.shape)

d3 = np.array([d2, d2, d2])
print(d3.shape)

d4 = np.array([d3, d3])
print(d4.shape)

# (5, ), (5, 1), (1, 5) 비교

x1 = np.array([1, 2, 3, 4, 5])
print(x1.shape)
print(mnist_y[0:5])
print(mnist_y[0:5].shape)

x2 = np.array([[1, 2, 3, 4, 5]])
print(x2.shape)

x3 = np.array([[1], [2], [3], [4], [5]])
print(x3.shape)
print(cifar_y[0:5])
print(cifar_y[0:5].shape)
```

14장

다섯 번째 딥러닝 1:
플래튼 레이어를
활용한 이미지 학습

이번 수업에서는 이미지셋 데이터를 표 형태의 데이
터로 변형해서 학습하는 법을 배웁니다. 딥러닝 모델
의 '특징 자동 추출기'라는 별명의 의미를 이해합니다.

지금부터 다섯 번째 딥러닝 모델을 만들어 보겠습니다. 여기서는 함께 이미지 분류기를 만들게 됩니다. 이미지 분류기는 머신러닝 중 지도학습 문제이고 분류 문제입니다.

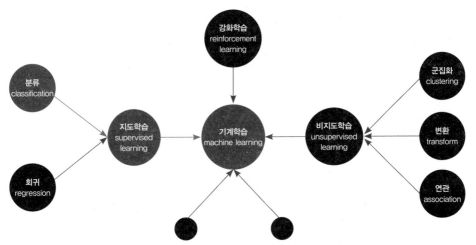

그림 14.1 이미지 분류기는 머신러닝 중 지도학습 문제이고 분류 문제입니다.

이미지를 학습하는 가장 기본적인 딥러닝 모델로 CNN, 컨볼루션 네트워크라는 새로운 딥러닝 구조도 배우게 됩니다.

다음 그림은 CNN 구조로 구현된 LeNet이라는 이름의 모델입니다.

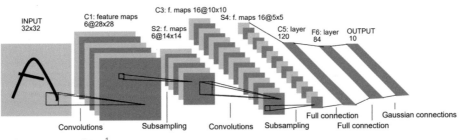

그림 14.2 LeNet-5의 구조[1]

---

1 http://yann.lecun.com/exdb/publis/pdf/lecun-01a.pdf

지금은 이 그림이 무엇을 말하는지 하나도 알 수 없겠지만, 수업을 마칠 때쯤이면 이 그림을 보는 눈이 달라져 있을 것입니다. 위 그림이 쉽게 느껴지고, 코드가 머릿속에 흘러가는 걸 경험하게 될 겁니다. 그럼 시작해보겠습니다.

다음은 1부 《텐서플로 101》 수업에서 봤던 그림으로, 머신러닝 모델을 만드는 과정을 나타냅니다. 과거의 데이터를 준비하고, 모델의 구조를 만들고, 데이터로 모델을 학습하고, 모델을 이용합니다.

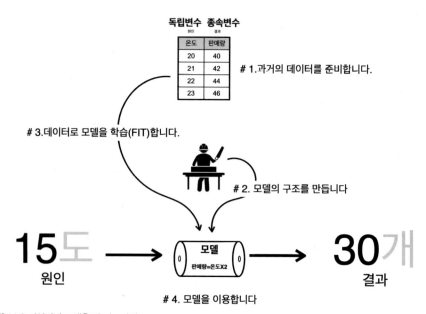

그림 14.3 머신러닝 모델을 만드는 과정

이미지 학습을 위한 첫 번째 전체 코드를 먼저 구경해 보겠습니다.

```
# 1. 과거의 데이터를 준비합니다.
(독립, 종속), _ = tf.keras.datasets.mnist.load_data()
독립 = 독립.reshape(60000, 784)
종속 = pd.get_dummies(종속)
print(독립.shape, 종속.shape)

# 2. 모델의 구조를 만듭니다.
X = tf.keras.layers.Input(shape=[784])
```

```
H = tf.keras.layers.Dense(84, activation='swish')(X)
Y = tf.keras.layers.Dense(10, activation='softmax')(H)
model = tf.keras.models.Model(X, Y)
model.compile(loss='categorical_crossentropy', metrics='accuracy')

# 3. 데이터로 모델을 학습(fit)합니다.
model.fit(독립, 종속, epochs=10)

# 4. 모델을 이용합니다.
print("Predictions: ", model.predict(독립[0:5]))
```

코드를 보니 어떤가요? 표를 학습했던 이전의 모델과 동일한 모습의 모델 구조가 보이나요?

독립변수가 784개의 칼럼으로 되어 있고, 종속 변수가 10개의 칼럼으로 되어 있는 표를 학습하는 모델이네요.

0부터 9까지 10개의 범주에 숫자가 있으니 원핫 인코딩을 통해 종속변수가 10개의 칼럼이되는 건 딱 보이네요.

그런데 이미지를 학습하기로 했는데 표를 학습하는 모델이라니, 이상하지 않나요? 독립변수를 만드는 부분을 눈여겨보면 그 비밀이 숨겨져 있습니다.

어쩐지 이 코드를 사용하는 게 어렵진 않아 보입니다.

reshape

여기 한 장의 이미지 데이터가 있습니다. (28, 28)로 2차원 형태입니다.

```
[
 [  1,   2,   3, … 28],
 [ 29,  30,  31, … 56],
 …
 [757, 758, 759, … 784],
 ]
```

그리고 칼럼이 784개로 되어 있는 표를 준비합니다. 우리가 할 일은 준비한 이미지 데이터를 이 표에 욱여넣는 것입니다.

첫 번째 행은 처음 28개의 칸에, 두 번째 행은 그다음 28개의 칸에, 마지막 행까지 모든 행을 28개의 칸에 순차적으로 적어 넣으면 이미지 한 장을 784개의 칼럼으로 옮길 수 있습니다.

1	2	3	...	28	29	30	31	...	56	57	...	756	757	758	759	...	784

전체 6만 장의 데이터는 (60000, 28, 28)의 형태였는데, 784개의 칼럼을 가진 표 형태로 바뀌었습니다. 이렇게 데이터를 변형하는 도구가 바로 reshape입니다.

```
print(독립.shape)
# (60000, 28, 28)

독립.reshape(60000, 784)
print(독립.shape)
# (60000, 784)
```

와! 잠깐 감동의 시간을 가져보시죠.

데이터가 표로 바뀌면 우리는 아무런 두려움이 없습니다. 표를 학습시키는 건 너무나 쉽죠.

이대로 수업을 끝내도 좋겠지만 우리가 알고 있는 모델을 조금 더 살펴보자고요.

모델을 조금 더 살펴보기

히든 레이어가 없는 모델

칼럼이 784개인 독립변수와 칼럼이 10개인 종속변수를 가지고 학습을 한다면 입력층의 노드는 784개, 출력층은 10개의 노드로 이루어진 모델을 만들게 됩니다.

히든 레이어 없이 모델을 만들었다면 첫 번째 결과가 0인지 아닌지를 판단하는 수식에서 입력층 노드의 모든 입력에 가중치를 붙여서 판단하게 되겠죠. 모든 픽셀값에 대해 가중치를 학습하게 되는 겁니다.

학습이 끝났을 때 우리는 다음과 같이 해석할 수 있겠습니다.

"가중치가 높게 부여된 픽셀은 0이라고 판단하는 데 중요한 픽셀이다. 가중치가 0에 가까운 픽셀은 0이라고 판단하는 데 불필요한 픽셀이다."라고요.

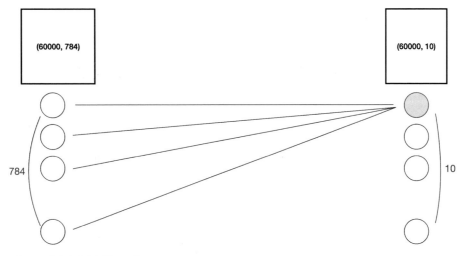

그림 14.4 히든 레이어가 없는 모델

히든 레이어를 추가한 모델

84개의 노드를 가진 히든 레이어를 추가하여 모델을 만들어 봅시다. 중간 결과로 칼럼 84개를 가진 표가 만들어집니다.

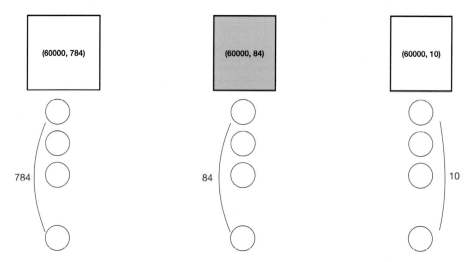

그림 14.5 히든 레이어를 추가한 모델

히든 레이어가 있을 때는 첫 번째 결과가 0인지 아닌지를 판단하는 수식에서 히든 레이어의 모든 노드가 입력으로 사용되고, 모든 입력의 가중치를 붙여서 판단하게 되겠죠. 이 84개의 중간 결과는 인공 신경망 구조 안에서 가중치 학습을 통해 컴퓨터 스스로 만들어낸 값입니다.

특징 자동 추출기

앞에서 각 칼럼은 '특징'이라는 이름을 가지고 있다고 배웠습니다. 이곳의 특징 84개는 컴퓨터가 인공 신경망 구조 안에서 학습을 통해 스스로 찾은 것입니다.

그래서 노드가 84개 있는 은닉층을 추가한 행동은 컴퓨터에 이런 명령을 하는 겁니다.

"컴퓨터야, 0에서 9까지 숫자 중에서 어떤 숫자인지 분류하는 데 가장 좋은 특징 84개를 찾아줘"

즉, 최종 결과를 더 잘 만들어낼 수 있는 특징 84개를 인공 신경망이 찾은 겁니다. 그래서 인공 신경망은 '특징 자동 추출기'라는 별명이 있습니다.

코드 사용법

코드를 다시 보겠습니다.

```python
# 1. 과거의 데이터를 준비합니다.
(독립, 종속), _ = tf.keras.datasets.mnist.load_data()
독립 = 독립.reshape(60000, 784)
종속 = pd.get_dummies(종속)
print(독립.shape, 종속.shape)

# 2. 모델의 구조를 만듭니다.
X = tf.keras.layers.Input(shape=[784])
H = tf.keras.layers.Dense(84, activation='swish')(X)
Y = tf.keras.layers.Dense(10, activation='softmax')(H)
model = tf.keras.models.Model(X, Y)
model.compile(loss='categorical_crossentropy', metrics='accuracy')

# 3. 데이터로 모델을 학습(fit)합니다.
model.fit(독립, 종속, epochs=10)

# 4. 모델을 이용합니다.
print("Predictions: ", model.predict(독립[0:5]))
```

지금 코드만으로도 충분하고 전혀 문제가 없지만, 이 다음 과정을 위해 이 코드를 조금 변경하려고 합니다.

reshape 대신 Flatten을 사용합니다.

```python
# 1. 과거의 데이터를 준비합니다.
(독립, 종속), _ = tf.keras.datasets.mnist.load_data()
종속 = pd.get_dummies(종속)
print(독립.shape, 종속.shape)
```

실행 결과
(60000, 28, 28), (60000, 1)

그러면 모델의 모양은 (60000, 784)가 아닌 (60000, 28, 28)이 되죠. 그래서 입력 부분의 shape는 784가 아니라 28×28로 고칩니다.

Flatten 코드는 다음과 같습니다. reshape에 해당하는 기능을 모델 내에서 동작시키는 역할을 합니다. 히든 레이어의 입력을 X에서 H로 바꿔주는 걸 잊지 말아야 하겠습니다.

```
# 2. 모델의 구조를 만듭니다.
X = tf.keras.layers.Input(shape=[28, 28])
H = tf.keras.layers.Flatten()(X)
H = tf.keras.layers.Dense(84, activation='swish')(H)
Y = tf.keras.layers.Dense(10, activation='softmax')(H)
model = tf.keras.models.Model(X, Y)
model.compile(loss='categorical_crossentropy', metrics='accuracy')
```

이미지의 픽셀을 표로 나타내어 학습하게 되는 모델을 완성했습니다. 입력의 모양과 Flatten 레이어를 기억하면 됩니다.

코드의 사용법을 잘 보셨나요? 이제 실습을 시작해 보겠습니다.

02 플래튼 레이어를 활용한 이미지 학습 모델 실습

플래튼 레이어(Flatten Layer)를 활용한 이미지 학습 모델의 실습을 해보겠습니다.

이번 실습에서는 두 가지 모델을 구현합니다. reshape로 데이터를 변형해서 모델을 하나 작성한 다음, reshape를 하지 않고 원본의 이미지를 그대로 활용해서 Flatten 레이어를 추가하여 같은 형태의 모델을 만들어 보겠습니다.

먼저 라이브러리를 임포트합니다.

```
import tensorflow as tf
import pandas as pd
```

reshape를 사용한 모델

데이터 준비

데이터를 준비하는 코드는 앞에서 배웠죠? 종속변수와 독립변수를 선언하고 독립변수와 종속변수의 shape를 화면에 출력해 보겠습니다.

```
(독립, 종속), _ = tf.keras.datasets.mnist.load_data()
print(독립.shape, 종속.shape)
```

실행 결과

```
Downloading data from https://storage.googleapis.com/tensorflow/tf-keras-datasets/mnist.npz
11493376/11490434 [==============================] - 0s 0us/step
(60000, 28, 28) (60000,)
```

이 상태에서는 독립변수와 종속변수가 표 형태가 아니므로 두 개를 모두 표 형태로 만들어야 합니다. 그래서 독립변수는 reshape라는 도구를 이용해서 (60000, 784) 형태의 표로 만들고 종속변수를 원핫 인코딩해야겠죠. 우리가 잘 알고 있는 판다스의 get_dummies 함수를 이용해 원핫 인코딩을 합니다.

그리고 독립변수와 종속변수의 shape를 출력해보면 우리가 원하는 형태의 784개 칼럼을 가진 독립변수, 10개의 칼럼을 가진 종속변수로 만들어진 것을 확인할 수 있습니다.

```
독립 = 독립.reshape(60000, 784)
종속 = pd.get_dummies(종속)
print(독립.shape, 종속.shape)
```

실행 결과
(60000, 784) (60000, 10)

이렇게 칼럼 수가 지정되면 모델을 만들기가 어렵지 않습니다.

모델 만들기

이렇게 Input 레이어의 shape를 784개라고 지정하고 히든 레이어를 하나만 추가할까요?

```
X = tf.keras.layers.Input(shape=[784])
```

84개짜리 히든 레이어를 추가하고 활성화 함수로는 'swish'를 지정하겠습니다.

```
H = tf.keras.layers.Dense(84, activation='swish')(X)
```

그리고 마지막으로 10개의 분류를 만들어줍니다. 활성화 함수(activation)는 'softmax', 손실(loss)은 'categorical_crossentropy', 메트릭(metrics)은 'accuracy'로 지정해서 모델을 만들면 학습할 준비가 끝납니다.

```
Y = tf.keras.layers.Dense(10, activation='softmax')(H)
model = tf.keras.models.Model(X, Y)
model.compile(loss='categorical_crossentropy', metrics='accuracy')
```

모델 학습

그리고 이제 모델을 학습하겠습니다. 독립변수와 종속변수를 넣고 에포크를 10번만 돌려도 학습이 어느 정도 이뤄집니다.

```
model.fit(독립, 종속, epochs=10)
```

실행 결과
Epoch 1/10
1875/1875 [==============================] - 5s 2ms/step - loss: 7.4685 - accuracy: 0.7967
Epoch 2/10
1875/1875 [==============================] - 4s 2ms/step - loss: 0.5435 - accuracy: 0.9128
Epoch 3/10
1875/1875 [==============================] - 4s 2ms/step - loss: 0.4310 - accuracy: 0.9310
Epoch 4/10
1875/1875 [==============================] - 3s 2ms/step - loss: 0.3952 - accuracy: 0.9380
Epoch 5/10
1875/1875 [==============================] - 3s 2ms/step - loss: 0.3811 - accuracy: 0.9414
Epoch 6/10
1875/1875 [==============================] - 4s 2ms/step - loss: 0.3940 - accuracy: 0.9436
Epoch 7/10
1875/1875 [==============================] - 4s 2ms/step - loss: 0.3654 - accuracy: 0.9473
Epoch 8/10
1875/1875 [==============================] - 4s 2ms/step - loss: 0.3475 - accuracy: 0.9487
Epoch 9/10
1875/1875 [==============================] - 4s 2ms/step - loss: 0.3401 - accuracy: 0.9506
Epoch 10/10
1875/1875 [==============================] - 4s 2ms/step - loss: 0.3425 - accuracy: 0.9526
<tensorflow.python.keras.callbacks.History at 0x7f031028beb8>

정확도가 95%에 가깝게 학습했습니다. 학습이 참 잘된 것을 알 수 있죠.

모델을 이용

모델을 사용해 보겠습니다. 독립변수의 앞의 다섯 개의 데이터만 들고 와서 예측 결과를 출력해서 그 데이터가 어떤 이미지인지 확인해 보겠습니다. 보기 좋게 데이터 프레임으로 출력합니다. round는 반올림하는 함수로서, 2를 넣으면 소수점 둘째 자리에서 반올림합니다.

```python
pred = model.predict(독립[0:5])
pd.DataFrame(pred).round(2)
```

	0	1	2	3	4	5	6	7	8	9
0	0.0	0.0	0.0	0.0	0.0	1.0	0.0	0.0	0.0	0.0
1	1.0	0.0	0.0	0.0	0.0	0.0	0.0	0.0	0.0	0.0
2	0.0	0.0	0.0	0.0	1.0	0.0	0.0	0.0	0.0	0.0
3	0.0	1.0	0.0	0.0	0.0	0.0	0.0	0.0	0.0	0.0
4	0.0	0.0	0.0	0.0	0.0	0.0	0.0	0.0	0.0	1.0

실제 정답을 출력해 비교해보면 예측이 잘된 것을 확인할 수 있습니다.

```python
print(종속[0:5])
```

실행 결과

	0	1	2	3	4	5	6	7	8	9
0	0	0	0	0	0	1	0	0	0	0
1	1	0	0	0	0	0	0	0	0	0
2	0	0	0	0	1	0	0	0	0	0
3	0	1	0	0	0	0	0	0	0	0
4	0	0	0	0	0	0	0	0	0	1

Flatten 레이어를 사용한 모델

이번에는 reshape를 사용하지 않고 Flatten 레이어를 이용해 모델을 만들어 보겠습니다.

데이터 준비

데이터셋을 로딩하는 코드는 이전과 같습니다.[2]

```python
(독립, 종속), _ = tf.keras.datasets.mnist.load_data()
print(독립.shape, 종속.shape)
```

실행 결과

```
(60000, 28, 28) (60000,)
```

2　(엮은이) 영상에서는 데이터셋 로딩부터 원핫 인코딩까지의 코드가 하나의 셀에 있지만 책에서는 이해를 돕기 위해 둘로 나눴습니다.

입력 이미지의 데이터를 한 줄로 펴주는 reshape 작업을 하지 않을 것이므로 해당 행은 주석 처리합니다. 실행하면 데이터가 펴진 상태가 아니라 이미지 상태 그대로 준비됩니다.

```
# 독립 = 독립.reshape(60000, 784)
종속 = pd.get_dummies(종속)
print(독립.shape, 종속.shape)
```

```
(60000, 28, 28) (60000, 10)
```

모델 만들기

모델을 만들겠습니다. shape는 784가 아니라 (28, 28)을 따르게 됩니다.

```
X = tf.keras.layers.Input(shape=[28, 28])
```

(28, 28)에서 바로 84로 넘어가면 안 되고, 한 줄로 펴줘야 합니다. 그래서 다음과 같이 Flatten 레이어를 만들면 데이터가 한 줄로 펴집니다.

```
H = tf.keras.layers.Flatten()(X)
H = tf.keras.layers.Dense(84, activation='swish')(H)
```

그리고 H를 다음 레이어의 입력으로 넣으면 모델이 완성됩니다.

```
Y = tf.keras.layers.Dense(10, activation='softmax')(H)
model = tf.keras.models.Model(X, Y)
model.compile(loss='categorical_crossentropy', metrics='accuracy')
```

모델 학습

독립변수와 종속변수를 넣고, 다섯 번만 해볼까요? 학습이 다시 시작됩니다.

```
model.fit(독립, 종속, epochs=5)
```

```
Epoch 1/5
1875/1875 [==============================] - 4s 2ms/step - loss: 7.4897 - accuracy: 0.8054
Epoch 2/5
1875/1875 [==============================] - 4s 2ms/step - loss: 0.6023 - accuracy: 0.9088
Epoch 3/5
1875/1875 [==============================] - 4s 2ms/step - loss: 0.4797 - accuracy: 0.9303
Epoch 4/5
1875/1875 [==============================] - 4s 2ms/step - loss: 0.4445 - accuracy: 0.9359
Epoch 5/5
1875/1875 [==============================] - 4s 2ms/step - loss: 0.4317 - accuracy: 0.9428
<tensorflow.python.keras.callbacks.History at 0x7f02acef0160>
```

모델을 이용

모델을 이용하는 부분은 shape를 사용한 모델을 이용하는 코드와 같습니다.

```
pred = model.predict(독립[0:5])
print(pd.DataFrame(pred).round(2))
print(종속[0:5])
```

정리

이렇게 해서 이미지 데이터를 표 형태의 데이터로 바꿔서 표를 학습하는 모델에 넣고 학습시켰습니다. 그렇게 이미지 데이터를 학습한 겁니다.

이번 장에서 살펴본 내용은 '특징 자동 추출기'라는 부분에 중점을 두고 기억하셨으면 좋겠습니다. 픽셀을 한 줄로 펴고 그 픽셀들을 가지고 새로운 특징 84개를 컴퓨터가 스스로 찾았고, 이렇게 찾은 특징으로 다시 10개의 숫자 이미지를 분류했습니다. 그러니까, 84개의 특징은 10개의 분류를 만들기 위해 제일 좋은 특징 84를 찾았다고 해석할 수 있습니다.

'자동 특징 추출기'라는 별명에 방점을 찍고 이번 수업의 의미를 부여하고 싶은데요, 여러분이 그 별명을 충분히 음미해 보시면 좋겠습니다.

전체 코드

```python
# 라이브러리 사용
import tensorflow as tf
import pandas as pd


# with reshape


# 데이터를 준비하고
(독립, 종속), _ = tf.keras.datasets.mnist.load_data()
독립 = 독립.reshape(60000, 784)
종속 = pd.get_dummies(종속)
print(독립.shape, 종속.shape)


# 모델을 만들고
X = tf.keras.layers.Input(shape=[784])
H = tf.keras.layers.Dense(84, activation='swish')(X)
Y = tf.keras.layers.Dense(10, activation='softmax')(H)
model = tf.keras.models.Model(X, Y)
model.compile(loss='categorical_crossentropy', metrics='accuracy')


# 모델을 학습하고
model.fit(독립, 종속, epochs=10)


# 모델을 이용합니다.
pred = model.predict(독립[0:5])
print(pd.DataFrame(pred).round(2))
print(종속[0:5])


# with flatten


# 데이터를 준비하고
(독립, 종속), _ = tf.keras.datasets.mnist.load_data()
# 독립 = 독립.reshape(60000, 784)
종속 = pd.get_dummies(종속)
print(독립.shape, 종속.shape)
```

```python
# 모델을 만들고
X = tf.keras.layers.Input(shape=[28, 28])
H = tf.keras.layers.Flatten()(X)
H = tf.keras.layers.Dense(84, activation='swish')(H)
Y = tf.keras.layers.Dense(10, activation='softmax')(H)
model = tf.keras.models.Model(X, Y)
model.compile(loss='categorical_crossentropy', metrics='accuracy')

# 모델을 학습하고
model.fit(독립, 종속, epochs=10)

# 모델을 이용합니다.
pred = model.predict(독립[0:5])
print(pd.DataFrame(pred).round(2))
print(종속[0:5])
```

15장

다섯 번째 딥러닝 2: Conv2D

컨볼루션 연산이 어떻게 이뤄지는지 알아보고
컨볼루션 레이어를 사용하는 방법을 익힙니다.

이번에는 컨볼루션에 대해서 학습하겠습니다. 2부《텐서플로 102》전체 과정의 핵심은 바로 이 컨볼루션에 있다고 해도 과언이 아닙니다.

컨볼루션에 대해서도 최대한 쉽게 배울 예정인데요, 그래도 익숙하지 않은 개념이어서 어렵게 느껴질 것입니다. 생소한 개념이 어렵게 느껴지는 건 너무나도 당연한 일입니다.

저와 함께 이 고개를 넘어보시죠.

숫자 이미지의 특징

다음 4개의 이미지를 살펴보면 각 이미지에 동그라미가 있다는 특징을 발견할 수 있습니다.

그림 15.1 동그라미가 있는 숫자

동그라미의 특징이 어디서 몇 개 발견되는지를 표에 나타냈습니다.

- 숫자 9는 전체에 동그라미가 1개 있습니다. 이미지를 절반으로 나누어서 위쪽에 동그라미 하나, 아래쪽에는 동그라미가 없네요.

- 숫자 8은 절반으로 나누어서 위쪽에 동그라미 하나, 아래쪽에도 동그라미가 하나가 있으므로 전체의 동그라미가 2개입니다.

- 숫자 6과 0에 대해서도 같은 방법으로 특징을 확인해 표에 값을 채워 놓았습니다.

표 15.1 네 숫자의 동그라미 위치

숫자	전체	위	아래
9	1	1	0
8	2	1	1
6	1	0	1
0	1	0	0

이미지상의 어떤 특징이 어느 부분에 나타나는지를 알 수 있으면 이미지를 분류할 때 매우 유용합니다. 그래서 이 정보를 찾을 목적으로 사용하는 도구가 있는데, 그것이 바로 **컨볼루션** (convolution, 합성곱)입니다.

컨볼루션 필터와 특징 맵

컨볼루션은 이미지 처리와 신호 처리 분야에서 매우 유명한 도구입니다. 방금 설명했듯이 이미지 처리에서는 특정 패턴의 특징이 어느 부분에 등장하는지 파악하는 데 사용됩니다.

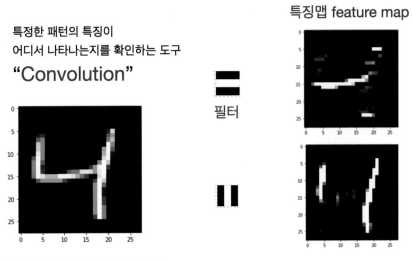

그림 **15.2** 숫자 4에 필터를 적용해 특징 맵을 얻음

여기 4라는 손글씨 이미지가 있습니다. 이 이미지가 어떻게 생겼는지는 이미 알고 있죠. 가로 세로 (28, 28) 칸에 숫자들이 채워져 있습니다(그림 15.2의 왼쪽).

특징을 찾기 위한 컨볼루션 필터를 하나 가져왔습니다. 이 필터는 가로로 된 선이 어디서 나타났는지 찾는 필터입니다. 입력 이미지와 이 필터를 가지고 컨볼루션 연산을 자세 보죠(그림 15.2의 가운데 위).

컨볼루션 결과는 2차원 형태의 숫자 집합으로 만들어지는데요, 그래서 이미지로 표현할 수 있습니다(그림 15.2 오른쪽 위).

하얗게 보이는 부분은 숫자가 높은 것이고, 검은색으로 보이는 부분은 숫자가 0에 가까운 것입니다. 컨볼루션의 결과가 대상 이미지의 가로선이 있는 부분에서 하얗게 표현된 것이 보이시죠? 이렇게 대상 이미지로부터 필터를 통해 특징을 잡아낸 것을 **특징 맵(feature map)**이라고 합니다.

이번에는 세로선의 특징을 찾기 위한 컨볼루션 필터를 가져왔습니다(그림 15.2의 가운데 아래). 이 필터에 의해서 만들어진 특징 맵은 세로선이 있던 부분이 하얗게 나타나는 걸 볼 수 있습니다(그림 15.2의 오른쪽 아래).

컨볼루션 필터 하나는 대상 이미지를 보고 특징 맵 이미지 하나를 만들게 됩니다. 필터 하나가 이미지 하나를 만든다는 걸 기억하세요.

여기 조금 더 의미 있는 예가 있습니다. 컨볼루션 필터가 컨볼루션 연산을 하면서 이미지 한 장을 만듭니다. 우하향의 사선 필터로 찾은 특징 맵과 우상향의 사선 필터로 찾은 특징 맵이 만들어지는 게 보이시죠? 하얗게 표현된 부분이 찾고 싶은 특징이 많이 나타난 위치라고 이해하면 되겠습니다.

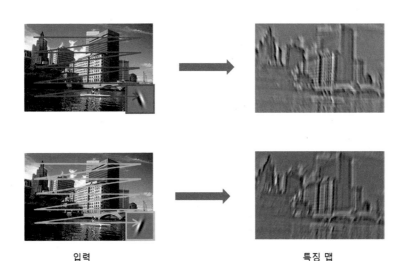

<table>
<tr><td align="center">입력</td><td align="center">특징 맵</td></tr>
</table>

그림 15.3 사선 필터로 찾은 특징 맵[1]

컨볼루션 레이어를 적용한 코드

컨볼루션 레이어를 적용한 딥러닝 코드를 먼저 확인해 보겠습니다. 이제부터는 데이터를 준비하는 부분과 모델의 구조를 만드는 부분만 확인하겠습니다.

좀 복잡해 보이지만 대부분 이미 여러분이 알고 있는 코드입니다.

```
01 # 1. 과거의 데이터를 준비합니다.
02 (독립, 종속), _ = tf.keras.datasets.mnist.load_data()
03 독립 = 독립.reshape(60000, 28, 28, 1)
04 종속 = pd.get_dummies(종속)
05 print(독립.shape, 종속.shape)
06
07 # 2. 모델의 구조를 만듭니다.
08 X = tf.keras.layers.Input(shape=[28, 28, 1])
09 H = tf.keras.layers.Conv2D(3, kernel_size=5, activation='swish')(X)
10 H = tf.keras.layers.Conv2D(6, kernel_size=5, activation='swish')(H)
11 H = tf.keras.layers.Flatten()(H)
12 H = tf.keras.layers.Dense(84, activation='swish')(H)
13 Y = tf.keras.layers.Dense(10, activation='softmax')(H)
```

---

1 https://cs.nyu.edu/~fergus/tutorials/deep_learning_cvpr12/

```
14 model = tf.keras.models.Model(X, Y)
15 model.compile(loss='categorical_crossentropy', metrics='accuracy')
```

바뀌거나 추가된 부분을 살펴보겠습니다.

컨볼루션 레이어(9~10번 행)

컨볼루션 레이어를 2층 추가했습니다. 컨볼루션 레이어에서 우리가 결정할 것은 필터셋을 몇 개 사용할지와 필터셋의 사이즈를 얼마로 할지입니다. 3과 6은 필터셋의 개수입니다. 3은 3 개의 필터셋을, 6은 6개의 필터셋을 사용하겠다는 거죠.

kernel_size는 필터셋의 크기를 의미합니다. (5, 5) 사이즈이 필터셋을 사용하기 위해서 5라고 입력했습니다.

그리고 컨볼루션 레이어는 기존의 덴스 레이어와 같이 활성화 함수(activation)를 지정해 주어야 합니다.

첫 번째 컨볼루션 레이어는 필터셋이 3개이므로 3장의 특징 맵을 만듭니다. 달리 말해서, **3 채널의 특징 맵**을 만든다고 할 수 있습니다.

두 번째 컨볼루션 레이어는 필터셋을 6개 썼으므로 6장의 특징 맵을 만듭니다. 6채널의 특징 맵을 만든다고 표현할 수 있습니다.

Flatten 레이어(11번 행)

그리고 이렇게 만들어진 6채널의 특징 맵 모두를 Flatten 레이어에 의해서 픽셀 단위로 한 줄로 펼친 후 학습하게 됩니다.

Input 레이어(8번 행)

주의해서 보셔야 할 또 하나의 내용은 Input의 모양입니다. 컨볼루션 연산은 3차원 형태의 관측치를 입력으로 받습니다. 텐서플로를 만든 사람들이 그렇게 정해 놓은 것입니다.

그래서 3번 행에서 입력의 형태가 (28, 28)이 아닌 (28, 28, 1)이어야 하고 이를 위해서 독립변수를 (60000, 28, 28, 1)로 reshape하는 코드를 추가했습니다.

조금 더 설명하자면 컬러 이미지가 3차원 형태로 되어 있죠? 그래서 흑백 이미지도 3차원 형태로 변형해 준다고 생각하면 되겠습니다.

정리

어느 정도 코드가 눈에 들어오나요? 눈에 익숙해질 때까지 잠시 멈추고 여기서 머무르면 좋겠습니다. 코드가 익숙하게 느껴지면 다음 절로 넘어가 봅시다.

02 | 필터의 이해

필터를 제대로 이해하게 되면 컨볼루션의 동작을 이해할 수 있습니다. 그래서 이번 절에서는 필터를 중심으로 설명하려고 합니다.

필터에 대해서는 다음 내용을 먼저 기억해주세요. 그 의미는 하나씩 설명드리겠습니다.

1. '필터셋'은 3차원 형태로 된 가중치의 모음입니다. 컨볼루션 구조에서 컴퓨터가 학습하는 건 바로 필터입니다.

2. 필터셋 하나는 앞선 레이어의 결과인 '특징 맵' 전체를 봅니다. 전체를 보고 필터셋 하나가 특징 맵 하나를 만듭니다.

3. 필터셋 하나가 특징 맵 하나를 만드니, 필터셋 개수만큼 특징 맵을 만들게 됩니다.

이번에 추가할 컨볼루션 레이어의 코드를 가져왔습니다. 첫 번째 레이어는 필터셋 3개, 두 번째 레이어는 필터셋 6개입니다. 그리고 각 필터는 (5, 5) 사이즈라고 했습니다. 3차원 형태로 된 가중치의 모음이라고 했고요.

```
Conv2D(3, kernel_size=5, activation='swish')
Conv2D(6, kernel_size=5, activation='swish')
```

'레이어가 이렇게 생겼으니 첫 번째 레이어의 필터셋은 (3, 5, 5)이고, 두 번째 레이어의 필터셋은 (6, 5, 5)겠구나'라고 생각하면 안 되겠기에 필터셋에 대한 설명을 제대로 하려고 합니다.

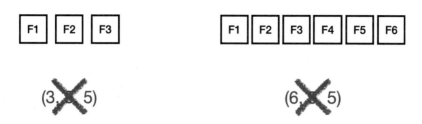

그림 15.4 필터셋의 형태에 대한 오해

3차원의 필터셋이라고 하는 것은 개별 필터셋 하나가 3차원 형태라는 뜻입니다. 즉, (5, 5) 사이즈의 필터가 여러 채널 존재하는 겁니다. 그리고 그 숫자는 앞선 레이어의 '특징 맵 전체를 본다'라는 두 번째 설명과 관련이 있는데요, 전체를 보기 때문에 필터의 채널 수 (5, 5, ?)의 물음표에 특징 맵의 채널 수와 같은 숫자가 들어가게 됩니다.

입력이 흑백이라고 생각해보시기 바랍니다. 흑백의 경우 채널이 하나이므로 필터셋의 형태는 (5, 5, 1)이 됩니다.

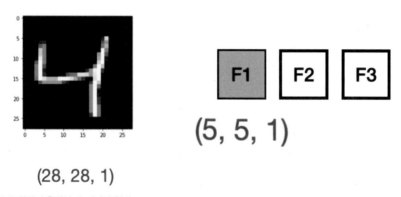

그림 15.5 입력이 흑백일 때 필터셋 형태

입력이 컬러 이미지라면 채널이 3개이므로 필터셋의 형태도 (5, 5, 3)이 됩니다.

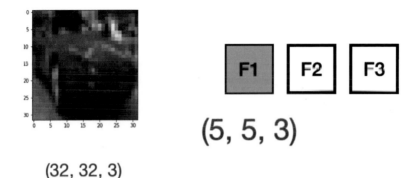

그림 15.6 입력이 컬러일 때 필터셋 형태

또한 필터셋의 전체 모양은 다음과 같이 4차원 형태가 되는 겁니다. 필터셋이 3개니까 (3, 5, 5, ?)입니다. 여기에 나온 물음표는 앞선 채널의 개수와 동일하다는 의미입니다.

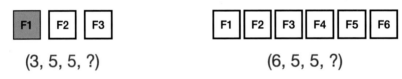

그림 15.7 필터셋의 전체 모양

> 📄 여기서는 설명을 돕기 위해 '필터셋'이라는 표현을 쓰고 있습니다. (5, 5)의 필터가 채널 수만큼 겹쳐진 형태이므로 필터셋이라고 표현했습니다. 하지만 실제 이 분야에서는 앞의 설명과 같이 여러 채널로 구성된 형태 그대로 '필터'라고 합니다. 필터셋이라는 용어는 설명을 돕기 위해 이 수업에서만 사용하는 용어이니 이후에 공부해 나가는 데 참고하시면 좋겠습니다.

딥러닝 모형으로 이해

방금 살펴본 코드를 딥러닝 모형으로 이해해 보겠습니다.

```
Conv2D(3, kernel_size=5, activation='swish')
Conv2D(6, kernel_size=5, activation='swish')
```

입력 이미지가 있습니다. (28, 28)에 흑백이라서 채널이 1개입니다.

(28, 28, 1)

그림 15.8 입력 이미지

(5, 5, 1) 필터셋이 3개 준비되었고 필터셋 하나는 한 장의 특징 맵을 생성하므로 이 필터셋에 의하여 특징 맵 3장, 3채널의 특징 맵이 생성됩니다.

(5, 5, 1)
x 3

그림 15.9 첫 번째 컨볼루션 레이어

사이즈가 28에서 24로 4만큼 줄었는데, 그 이유는 필터의 사이즈가 5이기 때문입니다. 사이즈에서 1을 뺀 수만큼 사이즈가 감소합니다. 필터가 (5, 5)면 4만큼 줄어들고, (3, 3)이면 2만큼 줄어듭니다.

(24, 24, 3)

그림 15.10 3채널의 특징 맵

두 번째 컨볼루션 레이어에서는 6장의 필터셋을 준비했습니다. 필터셋의 채널 수가 앞선 레이어의 결과인 특징 맵 채널 수와 같은 3으로 되어 있네요.

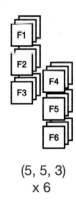

(5, 5, 3)
x 6

그림 15.11 두 번째 컨볼루션 레이어

필터셋이 6개이니 6채널의 특징 맵이 생성됩니다.

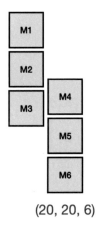

(20, 20, 6)

그림 15.12 6채널의 특징 맵

특징 맵 하나를 만들 때 필터셋 하나는 앞의 특징 맵 전체를 보고 새로운 특징 맵 하나를 만드는 것입니다.

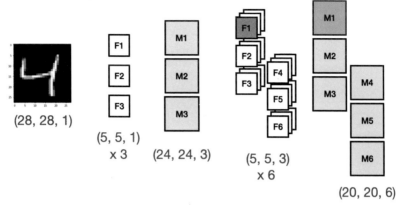

```
Conv2D(3, kernel_size=5, activation='swish')
Conv2D(6, kernel_size=5, activation='swish')
```

그림 15.13 컨볼루션 구조

다음 그림은 이전에 표의 특징을 학습한 패턴 모델을 레이어와 노드로 표현한 그림입니다. 하나의 특징을 만들 때 앞선 레이어의 노드 전체를 사용하여 학습한다고 했습니다. 앞선 특징 맵 전체를 보고 새로운 특징 맵 하나를 만든다는 것은 이와 같은 의미입니다. 또한 이 노드의 84개의 특징은 컴퓨터가 가중치들을 학습해서 스스로 찾아낸 특징이고, 그래서 딥러닝에는 '특징 자동 추출기'라는 별명이 붙어 있다고 설명한 바 있습니다.

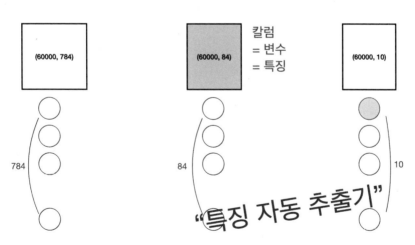

그림 15.14 패턴 모델을 레이어와 노드로 표현

컨볼루션 레이어에서는 컨볼루션 필터들을 뜯어보면 가중치들로 이루어져 있고 컴퓨터는 특징 맵을 만들어내는 이 컨볼루션 필터를 학습합니다.

앞서 히든 레이어를 추가하는 것은 지정한 노드 개수만큼 컴퓨터에 분류를 위한 가장 좋은 특징을 찾아 달라고 요청하는 것이라고 말씀드렸습니다.

컨볼루션 레이이에서도 마찬가지로 필터를 6개 추가하는 행동이 다음과 같이 명령하는 것으로 생각할 수 있습니다.

> '컴퓨터야, 이 이미지들이 0에서 9까지 중 어느 숫자인지 판단하기에 가장 좋은 특징 맵 6개를 찾아줘'

특징 자동 추출기라는 별명이 딱 어울리지 않나요?

들으면서 고개를 끄덕이다가 어느 순간 이해하기가 버거웠을지도 모르겠습니다. 그렇게 되는 것은 당연합니다. 익숙지 않은 개념이어서 한 번에 다가오지 않는 것입니다. 지금 학습한 내용을 말로 되뇌어 보면서, 또 특징 자동 추출기라는 별명을 중심으로 모델을 찬찬히 음미해 보시기 바랍니다. CNN을 넘어 딥러닝이란 녀석이 좀 더 편하게 느껴지는 순간이 올 겁니다.

수업 내용이 이해된다면 이제 그 유명한 CNN, 즉 컨볼루셔널 뉴럴 네트워크의 가장 높은 고개를 넘은 겁니다. 넘어오느라 수고하셨습니다.

이제 CNN은 정복한 거나 다름없습니다. 축하드립니다.

03 | 컨볼루션 연산의 이해

컨볼루션 연산이 실제로 어떻게 이루어지는지 알아봅시다. 계산에 집중하지는 말고 사용하는 수식이 어떤 모습인지에 집중해주세요. 아마 여러분이 이미 알고 있는 모습인 것에 놀라게 될 것입니다. 컨볼루션 연산을 알아보겠습니다.

컨볼루션 연산의 원리

(8, 8, 1)의 특징 맵이 있습니다. 각 픽셀의 값을 x1부터 나란히 주었습니다.

x1	x2	x3	x4	x5	x6	x7	x8
x9	x10	x11	x12	x13	x14	x15	x16
x17	x18	x19	…				

필터는 (3, 3, 1)의 형태로 준비했습니다.

w1	w2	w3
w4	w5	w6
w7	w8	w9

컨볼루션 연산을 수행하면 (6, 6)의 결과 이미지가 1상 생깁니다.

y1	y2	y3	y4	y5	y6
y7	y8	y9	y10	…	

컨볼루션 연산을 위해서 필터를 특징 맵의 좌측 상단에 겹쳐 줍니다. 그리고 같은 위치에 있는 숫자끼리 곱하고, 곱한 결과를 모두 더합니다.

x1	x2	x3	x4	x5	x6	x7	x8
x9	x10	x11	x12	x13	x14	x15	x16
x17	x18	x19	…				

```
y1 = x1  * w1  +  x2  * w2  +  x3  * w3  +
     x9  * w4  +  x10 * w5  +  x11 * w6  +
     x17 * w7  +  x18 * w8  +  x19 * w9
```

그 결과를 결과 이미지의 (0, 0) 위치에 저습니다.

y1	y2	y3	y4	y5	y6
y7	y8	y9	y10	…	

컨볼루션 필터를 한 칸 이동합니다.

x1	x2	x3	x4	x5	x6	x7	x8
x9	x10	x11	x12	x13	x14	x15	x16
x17	x18	x19	x20	…			

그럼 동일하게 같은 위치의 값을 곱하고, 곱한 결과를 모두 합하여 y2에 적을 수 있겠죠.

```
y2 = x2  * w1  +  x3  * w2  +  x4  * w3  +
     x10 * w4  +  x11 * w5  +  x12 * w6  +
     x18 * w7  +  x19 * w8  +  x20 * w9
```

y1	y2	y3	y4	y5	y6
y7	y8	y9	y10	…	

필터를 이동시키면서 계속 적어 나갑니다.

x1	x2	x3	x4	x5	x6	x7	x8
x9	x10	x11	x12	x13	x14	x15	x16
x17	x18	x19	x20	x21	…		

이 방법을 이해하면 결과 특징 맵의 사이즈가 원본보다 작아지는 이유도 쉽게 이해할 수 있습니다.

이것이 컨볼루션 연산의 전부입니다.

특징 맵 결과를 만드는 수식이 우리가 익히 알고 있는 모습이죠? 퍼셉트론의 수식 모형이었죠. 기본 딥러닝 모형에서 사용했던 수식 그대로입니다. 같은 형태의 수식을 조금 다른 방식으로 조합한 것입니다.

같은 형태의 수식이 기본 모델에서는 최적의 특징을 추출하고, 컨볼루션 모델에서는 최적의 특징 맵을 추출합니다. 심지어 앞으로 만나게 될 어떤 딥러닝 모델도 이 수식을 그대로 이용하지 않는 경우가 없습니다.

이 마법 같은 수식이 정말 놀랍지 않나요? 혹시 이 수식의 비밀이 너무너무 궁금해지신 분들은 선형대수학을 공부해 보세요.[2]

실제 계산의 예

자, 그럼 실제 계산을 해봅시다.

입력으로 사용할 특징 맵이 있습니다. 숫자 4의 이미지입니다.

0	0	0	0	0	0	0	0
0	1	0	0	0	1	0	0
0	1	0	0	0	1	0	0
0	1	0	0	0	1	0	0
0	1	1	1	1	1	1	0
0	0	0	0	0	1	0	0
0	0	0	0	0	1	0	0
0	0	0	0	0	0	0	0

다음은 가로선의 특징이 있는 필터입니다.

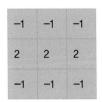

---

2 (엮은이) 관련 서적으로 《엔지니어를 위한 선형대수》(위키북스, 2019)가 있습니다.

컨볼루션 연산을 통해 특징 맵을 만들어 봅시다. 컨볼루션 연산을 위해 필터의 가중치를 수식에 적어두었습니다.

```
y1 = x1  * -1 +  x2  * -1 +  x3  * -1 +
     x9  *  2 +  x10 *  2 +  x11 *  2 +
     x17 * -1 +  x18 * -1 +  x19 * -1
```

필터를 대상 이미지 위에 겹쳐 줍니다.

0	0	0	0	0	0	0	0
0	1	0	0	0	1	0	0
0	1	0	0	0	1	0	0
0	1	0	0	0	1	0	0
0	1	1	1	1	1	1	0
0	0	0	0	0	1	0	0
0	0	0	0	0	1	0	0
0	0	0	0	0	0	0	0

그러면 같은 위치에 있는 숫자들이 있는데, 겹쳐진 숫자끼리 곱하고, 곱한 결과를 모두 더합니다.

```
y1 = 0 * -1 +  0 * -1 +  0 * -1 +
     0 *  2 +  1 *  2 +  0 *  2 +
     0 * -1 +  1 * -1 +  0 * -1
   = 1
```

계산 결과 1을 결과 특징 맵의 첫 번째 칸에 적습니다.

1					

필터를 한 칸 옮깁니다.

0	0	0	0	0	0	0	0
0	1	0	0	0	1	0	0
0	1	0	0	0	1	0	0
0	1	0	0	0	1	0	0
0	1	1	1	1	1	1	0
0	0	0	0	0	1	0	0
0	0	0	0	0	1	0	0
0	0	0	0	0	0	0	0

컨볼루션 연산의 수식의 픽셀값이 변하게 되겠죠. 입력값이 변합니다.

```
y2 = 0 * -1 + 0 * -1 + 0 * -1 +
     1 * 2 + 0 * 2 + 0 * 2 +
     1 * -1 + 0 * -1 + 0 * -1
   = 1
```

결과가 똑같이 1이네요. 이 결과는 두 번째 칸에 적습니다.

1	1				

또 필터를 한 칸 옮깁니다.

0	0	0	0	0	0	0	0
0	1	0	0	0	1	0	0
0	1	0	0	0	1	0	0
0	1	0	0	0	1	0	0
0	1	1	1	1	1	1	0
0	0	0	0	0	1	0	0
0	0	0	0	0	1	0	0
0	0	0	0	0	0	0	0

대상 픽셀값이 모두 0입니다. 당연히 결과는 0이고 그 결과를 세 번째 칸에 적습니다.

```
y3 = 0 * -1 + 0 * -1 + 0 * -1 +
     0 * 2 + 0 * 2 + 0 * 2 +
     0 * -1 + 0 * -1 + 0 * -1
   = 0
```

1	1	0			

또 한 칸을 이동합니다.

0	0	0	0	0	0	0	0
0	1	0	0	0	1	0	0
0	1	0	0	0	1	0	0
0	1	0	0	0	1	0	0
0	1	1	1	1	1	1	0
0	0	0	0	0	1	0	0
0	0	0	0	0	1	0	0
0	0	0	0	0	0	0	0

```
y4 = 0 * -1 + 0 * -1 + 0 * -1 +
     0 *  2 + 0 *  2 + 1 *  2 +
     0 * -1 + 0 * -1 + 1 * -1
   = 1
```

결과가 1이네요. 1을 적습니다.

1	1	0	1		

이 과정을 반복합니다.

1	1	0	1	1	1

한 줄이 끝나면 그 아래 칸으로 이동해서 다음 줄을 같은 연산을 반복하여 계산합니다. 이번 줄의 결과는 모두 0이 됐네요.

1	1	0	1	1	1
0	0	0	0	0	0

나머지 칸도 모두 채워보겠습니다.

1	1	0	1	1	1
0	0	0	0	0	0
-1	-2	-3	-2	-2	-1
3	5	6	4	4	2
-2	-3	-3	-2	-2	-1
0	0	0	1	1	1

이것이 바로 컨볼루션 필터로 특징을 찾아낸 결과 특징 맵입니다. 다음 그림에 이를 이미지로 나타냈습니다. 가로선이 있는 부분이 하얗게 표현되어서, 가로선이 있는 부분을 잘 찾았음을 알 수 있습니다.

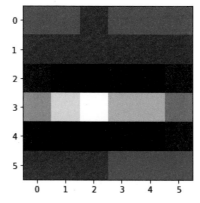

그림 15.15 컨볼루션 필터에 의해 특징을 찾아낸 결과 특징 맵

여기서 가로선을 찾은 필터는 우리가 직접 정의해서 연산을 했지만, 컨볼루션 레이어를 통해 딥러닝 모델을 만들면 컴퓨터가 적절한 필터를 찾아줍니다. 그것이 핵심입니다.

컴퓨터로 찾은 필터가 어떤 특징인지 사람은 해석하지 못합니다. 다만 그 필터가 찾아낸 특징 맵이 최적의 결과를 만들어내는 특징 맵이라는 것만 알 수 있을 뿐입니다.

여러분은 딥러닝의 세계에 한 걸음 더 들어오셨습니다. 딥러닝은 일면 알수록 더 어려워지는 매력이 있습니다. 제가 느낀 딥러닝의 매력과 감동이 수업을 통해 여러분에게 조금이나마 전달됐으면 좋겠습니다.

수고하셨습니다.

▶ https://youtu.be/cpE2MFsIqgU

실습(코랩) https://bit.ly/tf102-p3

⏱ 08분 12초

04 Conv2D 실습

컨볼루션 레이어 실습수업을 시작하겠습니다.

노트북 설정

실습을 시작하기 전에 미리 준비할 것이 있습니다. 코랩 노트북에서 **런타임** 메뉴 아래의 **런타임 유형 변경**을 보면 **하드웨어 가속기**를 GPU로 설정할 수 있습니다. GPU를 지정하면 GPU를 활용해서 학습을 시킬 수 있습니다. 학습에 GPU를 사용하면 학습 속도를 훨씬 빠르게 할 수 있습니다. 구글에서 무료로 제공해주는 환경이니까 GPU를 활용하도록 노트 설정을 바꿔주세요.

그림 15.16 노트 설정

라이브러리 사용

필요한 라이브러리를 임포트합니다.

```
# 라이브러리 사용
import tensorflow as tf
import pandas as pd
```

데이터 준비

학습시키기 위해서 데이터를 받아보겠습니다. **독립** 변수와 **종속** 변수를 지정하고, 두 변수의 shape도 출력해봅니다.

```
# 데이터를 준비하고
(독립, 종속), _ = tf.keras.datasets.mnist.load_data()
print(독립.shape, 종속.shape)
```

실행 결과

```
Downloading data from https://storage.googleapis.com/tensorflow/tf-keras-datasets/mnist.npz
11493376/11490434 [==============================] - 0s 0us/step
(60000, 28, 28) (60000,)
```

컨볼루션 레이어는 이미지 하나의 모양(shape)이 2차원이면 안 되고 3차원이어야 하므로 reshape로 28×28×1의 3차원 형태로 바꿉니다. **종속** 변수는 10개의 칼럼으로 원핫 인코딩 합니다.

```
독립 = 독립.reshape(60000, 28, 28, 1)
종속 = pd.get_dummies(종속)
print(독립.shape, 종속.shape)
```

실행 결과

```
(60000, 28, 28, 1) (60000, 10)
```

모델 만들기

컨볼루션 레이어를 활용한 모델을 만들겠습니다.

컨볼루션 레이어를 지정할 때 맨 앞에는 우리가 몇 개의 특징 맵을 만들지를 생각해서 필터를 써야 하는데, 우리는 필터를 3장을 쓰기로 했습니다. 커널 사이즈는 5×5로 사용하기로 했고요. 컨볼루션 레이어는 덴스 레이어와 마찬가지로 활성화 함수를 주어야 합니다.

```
# 모델을 만들고
X = tf.keras.layers.Input(shape=[28, 28, 1])
H = tf.keras.layers.Conv2D(3, kernel_size=5, activation='swish')(X)
```

컨볼루션 레이어를 하나 더 쌓아 봅시다. 두 번째 레이어의 필터는 6장, 커널 사이즈는 5로
지정합니다.

```
H = tf.keras.layers.Conv2D(6, kernel_size=5, activation='swish')(H)
```

이렇게 컨볼루션 레이어를 통과하고 나면 그 결과물은 테이블 형태가 아닌 이미지 여러 장으
로 표현된 데이터가 구성되고, 이 데이터를 한 줄로 펴서 표 형태로 바꿔 준다고 했습니다. 그
렇게 사용하는 레이어가 Flatten입니다.

```
H = tf.keras.layers.Flatten()(H)
```

표 형태로 펼치고 나면 Dense 레이어를 활용할 수 있겠죠? 우리가 익히 알고 있는 형태로 모
델을 진행할 수 있습니다.

```
H = tf.keras.layers.Dense(84, activation='swish')(H)
```

최종적으로 10개의 분류를 만듭니다.

```
Y = tf.keras.layers.Dense(10, activation='softmax')(H)
```

모델을 만들어 줍니다.

```
model = tf.keras.models.Model(X, Y)
model.compile(loss='categorical_crossentropy', metrics='accuracy')
```

모델을 학습

모델이 완성되고 나면 모델을 학습시킬 수 있겠죠? 10번만 학습시켜 보겠습니다.

```
# 모델을 학습하고
model.fit(독립, 종속, epochs=10)
```

실행 결과
Epoch 1/10
1875/1875 [==============================] - 11s 4ms/step - loss: 1.9782 - accuracy: 0.8616
Epoch 2/10
1875/1875 [==============================] - 7s 4ms/step - loss: 0.1042 - accuracy: 0.9725
Epoch 3/10
1875/1875 [==============================] - 7s 4ms/step - loss: 0.0685 - accuracy: 0.9815
Epoch 4/10
1875/1875 [==============================] - 7s 4ms/step - loss: 0.0506 - accuracy: 0.9854
Epoch 5/10
1875/1875 [==============================] - 7s 4ms/step - loss: 0.0392 - accuracy: 0.9888
Epoch 6/10
1875/1875 [==============================] - 7s 4ms/step - loss: 0.0346 - accuracy: 0.9903
Epoch 7/10
1875/1875 [==============================] - 7s 4ms/step - loss: 0.0294 - accuracy: 0.9921
Epoch 8/10
1875/1875 [==============================] - 7s 4ms/step - loss: 0.0263 - accuracy: 0.9927
Epoch 9/10
1875/1875 [==============================] - 7s 4ms/step - loss: 0.0220 - accuracy: 0.9939
Epoch 10/10
1875/1875 [==============================] - 7s 4ms/step - loss: 0.0192 - accuracy: 0.9948
<tensorflow.python.keras.callbacks.History at 0x7f4f6fe45ef0>

전에 표 형태로 학습시켰을 때도 사실 정확도가 낮진 않았지만, 지금은 거의 모든 정답을 다 맞히고 있습니다. 모든 데이터를 다 외웠다고 할 수 있습니다.

모델을 이용

독립변수 다섯 개를 들고 와서 결과물을 출력합니다. 군이 이렇게 할 필요는 없지만 눈으로 볼 때 좀 더 예쁘게 출력하는 것입니다.

```
# 모델을 이용합니다.
pred = model.predict(독립[0:5])
pd.DataFrame(pred).round(2)
```

어떤 정답을 나타내는지가 보이죠?

정답 확인

종속변수를 출력해서 확인할 수 있습니다.

```
# 정답 확인
종속[0:5]
```

모델 확인

summary로 모델을 확인합니다.

```
# 모델 확인
model.summary()
```

Model: "model"

Layer (type)   Outpul Shape   Param #

```
========================================================================
input_1 (InputLayer)        [(None, 28, 28, 1)]        0
------------------------------------------------------------------------
conv2d (Conv2D)             (None, 24, 24, 3)          78
------------------------------------------------------------------------
conv2d_1 (Conv2D)           (Nonc, 20, 20, 6)          456
------------------------------------------------------------------------
flatten (Flatten)           (None, 2400)               0
------------------------------------------------------------------------
dense (Dense)               (None, 84)                 201684
------------------------------------------------------------------------
dense_1 (Dense)             (None, 10)                 850
========================================================================
Total params: 203,068
Trainable params: 203,068
Non-trainable params: 0
------------------------------------------------------------------------
```

input_1 레이어에 28×28 이미지 1장이 들어가서 conv2d에서 24×24로 줄어듭니다. 필터가 5×5 크기이므로 가로, 세로가 4픽셀씩 줄어든 것입니다. 필터가 3×3 크기이면 2픽셀이, 필터가 7×7이면 6픽셀씩 줄어들게 됩니다. 필터 크기에서 1을 뺀 만큼 픽셀 수가 감소한다고 생각하시면 되겠습니다.

conv2d_1 레이어를 통과한 다음에 6장의 특징 맵이 만들어졌습니다. 이미지 한 장에서 특징을 뽑아낸 맵 6개가 만들어진 것입니다. 그러니까 이미지 한 장에 대한 정보가 담겨 있는 것입니다.

이미지 한 장당 400픽셀이니까 2400픽셀이 들어가 있을 거고, 이것을 한 줄로 편 flatten 레이어는 2400칼럼이 됩니다.

그다음에 dense 레이어로 84개의 칼럼을 만들라고 했고, 마지막 dense_1 레이어에 10개의 칼럼을 만들어 달라고 했습니다.

이렇게 모델을 만들어 놓으니까 학습하는 파라미터가 20만 개를 넘어가게 되었습니다. 파라미터 수가 늘어나면 컴퓨터가 많은 연산을 하게 되고 학습 속도가 느려집니다. 이것을 어떻게 해결하지를 다음 장에서 배웁니다.

컨볼루션 레이어를 사용하는 방법은 그렇게 어렵지 않죠? 2줄만 추가해서 플래튼한 다음에 우리가 알고 있는 표 형태의 학습을 시켰습니다.

이렇게 해서 컨볼루션 레이어 실습수업을 마치겠습니다.

전체 코드

```python
# 라이브러리 사용
import tensorflow as tf
import pandas as pd

# 데이터를 준비하고
(독립, 종속), _ = tf.keras.datasets.mnist.load_data()
print(독립.shape, 종속.shape)

독립 = 독립.reshape(60000, 28, 28, 1)
종속 = pd.get_dummies(종속)
print(독립.shape, 종속.shape)

# 모델을 만들고
X = tf.keras.layers.Input(shape=[28, 28, 1])
H = tf.keras.layers.Conv2D(3, kernel_size=5, activation='swish')(X)
H = tf.keras.layers.Conv2D(6, kernel_size=5, activation='swish')(H)
H = tf.keras.layers.Flatten()(H)
H = tf.keras.layers.Dense(84, activation='swish')(H)
Y = tf.keras.layers.Dense(10, activation='softmax')(H)
model = tf.keras.models.Model(X, Y)
model.compile(loss='categorical_crossentropy', metrics='accuracy')

# 모델을 학습하고
model.fit(독립, 종속, epochs=10)

# 모델을 이용합니다.
pred = model.predict(독립[0:5])
pd.DataFrame(pred).round(2)

# 정답 확인
종속[0:5]

# 모델 확인
model.summary()
```

16장

다섯 번째 딥러닝 3: MaxPool2D

컴퓨터가 찾아야 하는 가중치의 수를
작게 유지하기 위해 입력으로 사용할 칼럼 수를
조정하는 풀링 레이어를 알아봅니다.

01

▶ https://youtu.be/uaoTsVlp060   ⏰ 06분 18초

MaxPool2D

CNN의 마지막 퍼즐 조각인 풀링(pooling)입니다.

플래튼만을 이용한 모델

플래튼만을 이용한 모델의 코드는 이렇게 생겼습니다.

```
# 모델을 만들고
X = tf.keras.layers.Input(shape=[28, 28])
H = tf.keras.layers.Flatten()(X)
H = tf.keras.layers.Dense(84, activation='swish')(H)
Y = tf.keras.layers.Dense(10, activation='softmax')(H)
model = tf.keras.models.Model(X, Y)
model.compile(loss='categorical_crossentropy', metrics='accuracy')
```

summary라는 도구를 이용하면 모델의 요약 설명을 볼 수 있습니다.

```
model.summary()
```

실행 결과

```
Model: "model"

_____
Layer (type)                 Output Shape              Param #
=================================================================
input_1 (InputLayer)         [(None, 28, 28)]          0

_____
flatten (Flatten)            (None, 784)               0

_____
dense (Dense)                (None, 84)                65940

_____
```

```
dense_1 (Dense)              (None, 10)              850
=============================================================
Total params: 66,790
Trainable params: 66,790
Non-trainable params: 0

-------------------------------------------------------------
```

플래튼(flatten) 레이어에서는 (28, 28)의 2차원 형태의 숫자들을 한 줄로 펼쳐서 784개의 변수를 가지는 데이터를 출력합니다. 첫 번째 히든 레이어(dense)는 84개의 칼럼을 가지는 데이터를 출력하고, 마지막 레이어(dense_1)에서는 10개의 칼럼을 가지는 출력을 만듭니다.

첫 번째 히든 레이어에서 84개 칼럼의 출력을 만든다는 것은 84개의 출력이 있다는 말인데요, 하나의 수식을 위해서는 784개의 가중치와 1개의 바이어스가 필요하므로 이 히든 레이어를 구성하는 데 필요한 가중치의 수는 84×(784+1)=65,940개입니다.

마지막 레이어는 10개의 수식이 있고, 하나의 수식을 위해서는 84개의 가중치와 1개의 바이어스가 필요하므로 마지막 출력층을 구성하는 데 필요한 가중치의 수는 10×(84+1)=850개입니다.

컨볼루션 레이어를 추가한 모델

이번에는 컨볼루션 레이어가 추가된 모델의 코드를 확인하겠습니다.

```python
X = tf.keras.layers.Input(shape=[28, 28, 1])
H = tf.keras.layers.Conv2D(3, kernel_size=5, activation='swish')(X)
H = tf.keras.layers.Conv2D(6, kernel_size=5, activation='swish')(H)
H = tf.keras.layers.Flatten()(H)
H = tf.keras.layers.Dense(84, activation='swish')(H)
Y = tf.keras.layers.Dense(10, activation='softmax')(H)
model = tf.keras.models.Model(X, Y)
model.compile(loss='categorical_crossentropy', metrics='accuracy')
```

summary로 모델의 요약 설명을 보겠습니다.

```
model.summary()
```

```
Model: "model"
_____
Layer (type)                 Output Shape              Param #
=================================================================
input_1 (InputLayer)         [(None, 28, 28, 1)]       0
_____
conv2d (Conv2D)              (None, 24, 24, 3)         78
_____
conv2d_1 (Conv2D)            (None, 20, 20, 6)         456
_____
flatten (Flatten)            (None, 2400)              0
_____
dense (Dense)                (None, 84)                201684
_____
dense_1 (Dense)              (None, 10)                850
=================================================================
Total params: 203,068
Trainable params: 203,068
Non-trainable params: 0
_____
```

flatten 레이어의 입력으로 (20, 20, 6)의 형태로 입력을 받죠. (20, 20) 이미지가 6장 있다는 말입니다. 한 장에 400개의 숫자가 있을 것이고 거기에 6을 곱하여 2400개 칼럼에 데이터를 출력합니다.

다음 히든 레이어(dense)에서 84개 칼럼의 출력을 만드는데, 이는 84개의 수식이 있다는 말이고, 이 하나의 수식을 위해서는 2400개의 가중치와 1개의 바이어스가 필요하므로 히든 레이어를 구성하는 데 필요한 가중치의 수는 $84 \times (2400+1) = 201{,}684$개입니다.

컨볼루션 레이어(conv2d_1)로 출력된 특징 맵의 개수가 증가하면 플래튼 이후 입력으로 사용할 데이터의 칼럼 수가 증가하고, 이는 곧 컴퓨터가 찾아야 하는 가중치 수의 증가를 의미합니다.

그래서 도입된 방법이 풀링입니다. 플래튼 레이어 이후에 사용되는 가중치의 개수를 적게 유지하기 위해 입력으로 사용할 칼럼 수를 조정하는 것이 목적입니다.

풀링 레이어를 사용한 모델

풀링 레이어가 어떻게 가중치의 수를 줄이게 되는지 확인해 보겠습니다. 풀링 레이어를 사용한 모델의 코드는 다음과 같습니다. 컨볼루션 레이어 이후에 맥스 풀링 레이어를 추가했습니다.

```python
X = tf.keras.layers.Input(shape=[28, 28, 1])

H = tf.keras.layers.Conv2D(3, kernel_size=5, activation='swish')(X)
H = tf.keras.layers.MaxPool2D()(H)
H = tf.keras.layers.Conv2D(6, kernel_size=5, activation='swish')(H)
H = tf.keras.layers.MaxPool2D()(H)

H = tf.keras.layers.Flatten()(H)
H = tf.keras.layers.Dense(84, activation='swish')(H)
Y = tf.keras.layers.Dense(10, activation='softmax')(H)
model = tf.keras.models.Model(X, Y)
model.compile(loss='categorical_crossentropy', metrics='accuracy')
```

모델 요약을 확인해 볼까요?

```python
model.summary()
```

실행 결과		
Model: "model_1"		
Layer (type)	Output Shape	Param #
input_2 (InputLayer)	[(None, 28, 28, 1)]	0
conv2d_2 (Conv2D)	(None, 24, 24, 3)	78
max_pooling2d (MaxPooling2D)	(None, 12, 12, 3)	0

```
----------------------------------------------------------------
conv2d_3 (Conv2D)            (None, 8, 8, 6)          456

----------------------------------------------------------------
max_pooling2d_1 (MaxPooling2 (None, 4, 4, 6)          0

----------------------------------------------------------------
flatten_1 (Flatten)          (None, 96)               0

----------------------------------------------------------------
dense_2 (Dense)              (None, 84)               8148

----------------------------------------------------------------
dense_3 (Dense)              (None, 10)               850
================================================================
Total params: 9,532
Trainable params: 9,532
Non-trainable params: 0

----------------------------------------------------------------
```

플래튼 레이어(flatten_1)에서는 입력으로 (4, 4) 이미지 6장을 사용하는데, 한 장에 16개의 숫자가 있을 것이고 16×6=96개 칼럼에 데이터를 출력합니다.

다음 히든 레이어(dense_2)에서는 84개 칼럼에 출력을 만드는데, 그것은 84개의 수식이 있다는 얘기입니다. 하나의 수식을 위해서는 그 16개의 가중치와 1개의 바이어스가 필요하므로 히든 레이어를 구성하는 데 필요한 가중치 수는 84×(96+1)=8,148개입니다.

컨볼루션 레이어로 출력된 특징 맵 이미지의 사이즈가 맥스 풀링 레이어(max_pooling2d, max_pooling2d_1)를 거치면서 절반으로 줄어드는 것을 확인할 수 있습니다.

맥스 풀링 레이어를 통해 모델을 만들면 그냥 플래튼만 이용해 만든 모델보다도 가중치 수가 적어질 수도 있다는 것이 놀라운 부분입니다.

맥스 풀링의 원리

맥스 풀링은 단순합니다. (6, 6) 사이즈의 이미지가 있다고 할 때, 그 절반인 (3, 3) 크기의 사이즈로 이미지를 줄이는 것에 불과합니다.

10	7	2	42	30	25
1	16	33	8	7	6
9	22	11	45	10	22
13	15	31	27	12	41
7	20	19	30	23	6
3	24	15	27	14	40

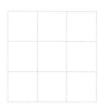

가로, 세로 2×2 영역에서 가장 큰 수를 남기는 겁니다. 첫 번째 영역에서는 16이 나왔네요.

10	7	2	42	30	25
1	**16**	33	8	7	6
9	22	11	45	10	22
13	15	31	27	12	41
7	20	19	30	23	6
3	24	15	27	14	40

두 번째 영역에서는 42가 가장 큽니다.

10	7	2	**42**	30	25
1	16	33	8	7	6
9	22	11	45	10	22
13	15	31	27	12	41
7	20	19	30	23	6
3	24	15	27	14	40

16	42	

세 번째 영역에서는 30, 네 번째 영역에서는 22, …, 그렇게 계속해서 각 영역에서 가장 큰 숫자를 남깁니다.

특징 맵

10	7	4	12	30	26
1	16	33	8	7	6
9	22	11	45	10	22
13	15	31	27	12	41
7	20	19	30	23	6
3	24	15	27	14	40

MaxPooling

16	12	30
22	45	41
24	30	40

가장 큰 수를 유지하면서 사이즈를 줄이는 방식을 최대 풀링(max pooling)이라고 부릅니다. 딥러닝을 공부하다 보면 평균을 남기는 때도 있는데, 그런 방식을 평균 풀링(average pooling)이라고 합니다.

이곳에서 맥스 풀링 방식을 쓰는 이유는 무엇일까요? 바로 풀링의 대상이 컨볼루션의 결과 특징 맵이기 때문입니다.

큰 값으로 표현된 부분은 컨볼루션 필터로 찾으려 했던 특징이 나타난 것을 의미합니다. 맥스 풀링은 유의미한 정보를 남기면서 사이즈를 줄이려는 의도가 담겨 있습니다.

다시 한번 완성된 CNN 모델을 확인해 봅시다. CNN의 구조는 컨볼루션 레이어, 풀링 레이어, 플래튼 레이어로 3개의 조합으로 이루어져 있습니다.

```
X = tf.keras.layers.Input(shape=[28, 28, 1])

H = tf.keras.layers.Conv2D(3, kernel_size=5, activation='swish')(X)   # 컨볼루션 레이어
H = tf.keras.layers.MaxPool2D()(H)                                     # 풀링 레이어
H = tf.keras.layers.Conv2D(6, kernel_size=5, activation='swish')(H)   # 컨볼루션 레이어
H = tf.keras.layers.MaxPool2D()(H)                                     # 풀링 레이어
```

```
H - tf.keras.layers.Flatten()(H)                               # 플래튼 레이어
H = tf.keras.layers.Dense(84, activation='swish')(H)
Y = tf.keras.layers.Dense(10, activation='softmax')(H)
```

얼른 코드로 실습해 보고 싶지 않으신가요? 이어서 코드를 작성하겠습니다.

02 | MaxPool2D 실습

풀링 레이어 실습수업을 시작하겠습니다.

컨볼루션 레이어 모델

다음은 15.4절에서 실습한 컨볼루션 레이어 모델의 코드입니다. 라이브러리를 로딩하고, 데이터를 준비한 부분은 독립변수를 4차원으로 reshape시키고 종속변수는 원핫 인코딩해서 모양을 출력했습니다.

```python
# 라이브러리 사용
import tensorflow as tf
import pandas as pd

# 데이터를 준비하고
(독립, 종속), _ = tf.keras.datasets.mnist.load_data()
독립 = 독립.reshape(60000, 28, 28, 1)
종속 = pd.get_dummies(종속)
print(독립.shape, 종속.shape)
```

실행 결과

```
(60000, 28, 28, 1) (60000, 10)
```

그리고 모델은 컨볼루션 레이어를 2번 확인해서 Flatten으로 데이터를 펼치고 그다음에 Dense 레이어 두 개를 이용해서 완성했습니다.

```python
# 모델을 만들고
X = tf.keras.layers.Input(shape=[28, 28, 1])
H = tf.keras.layers.Conv2D(3, kernel_size=5, activation='swish')(X)
H = tf.keras.layers.Conv2D(6, kernel_size=5, activation='swish')(H)
H = tf.keras.layers.Flatten()(H)
```

```
H = tf.keras.layers.Dense(84, activation='swish')(H)
Y = tf.keras.layers.Dense(10, activation='softmax')(H)
model = tf.keras.models.Model(X, Y)
model.compile(loss='categorical_crossentropy', metrics='accuracy')
```

이 모델의 summary를 보겠습니다.

```
model.summary()
```

```
Model: "model"

_____
Layer (type)                 Output Shape              Param #
=================================================================
input_1 (InputLayer)         [(None, 28, 28, 1)]       0
_____
conv2d (Conv2D)              (None, 24, 24, 3)         78
_____
conv2d_1 (Conv2D)            (None, 20, 20, 6)         456
_____
flatten (Flatten)            (None, 2400)              0
_____
dense (Dense)                (None, 84)                201684
_____
dense_1 (Dense)              (None, 10)                850
=================================================================
Total params: 203,068
Trainable params: 203,068
Non-trainable params: 0
_____
```

이 모델은 이처럼 학습하는 가중치(weight)가 20만 개가 넘는 무거운 모델입니다. 맥스 풀링을 이용하면 Flatten을 하기 직전에 찾아낸 특징의 개수를 줄일 수 있습니다.

맥스 풀링 모델을 활용한 CNN 모델 완성

맥스 풀링 모델을 완성해 보겠습니다. 데이터 준비는 동일하고 모델만 좀 조정해야겠죠. 이전 모델을 복사해 와서 진짜 CNN 모델을 완성해 보겠습니다.

```
01 # 모델을 만들고, CNN
02 X = tf.keras.layers.Input(shape=[20, 20, 1])
03
04 H = tf.keras.layers.Conv2D(3, kernel_size=5, activation='swish')(X)
05 H = tf.keras.layers.MaxPool2D()(H)
06
07 H = tf.keras.layers.Conv2D(6, kernel_size=5, activation='swish')(H)
08 H = tf.keras.layers.MaxPool2D()(H)
09
10 H = tf.keras.layers.Flatten()(H)
11 H = tf.keras.layers.Dense(84, activation='swish')(H)
12 Y = tf.keras.layers.Dense(10, activation='softmax')(H)
13 model = tf.keras.models.Model(X, Y)
14 model.compile(loss='categorical_crossentropy', metrics='accuracy')
```

- 5번째 행: 컨볼루션 레이어 바로 밑에다가 MaxPool2D 레이어를 선언해줍니다.

- 8번째 행: 마찬가지로 두 번째 레이어가 끝난 뒤에도 MaxPool2D를 해줍니다.

이 모델이 바로 컨볼루션 뉴럴 네트워크의 기본적인 구조라고 보시면 되겠습니다.

model.summary()를 해보겠습니다.

```
model.summary()
```

실행 결과

```
Model: "model_1"

_____
Layer (type)              Output Shape            Param #
=================================================================
input_2 (InputLayer)      [(None, 28, 28, 1)]     0

_____
```

```
conv2d_2 (Conv2D)              (None, 24, 24, 3)          78
_____
max_pooling2d (MaxPooling2D) (None, 12, 12, 3)            0
_____
conv2d_3 (Conv2D)              (None, 8, 8, 6)           456
_____
max_pooling2d_1 (MaxPooling2 (None, 4, 4, 6)             0
_____
flatten_1 (Flatten)            (None, 96)                 0
_____
dense_2 (Dense)                (None, 84)              8148
_____
dense_3 (Dense)                (None, 10)               850
===============================================================
Total params: 9,532
Trainable params: 9,532
Non-trainable params: 0
_____
```

앞의 맥스 풀링을 활용하지 않은 모델에서는 28×28에서 24×24로 바뀌고 24×24에서 20×20로 바뀌어서 픽셀 수 400개$\times$6장=2400의 픽셀 수가 나왔었는데, 그럼 Flatten의 출력이 2400개의 칼럼이 되니까 **dense_2**에서 20만 개의 가중치가 등장합니다.

맥스 풀링을 사용한 모델에서는 28×28 이미지를 24×24로 줄인 다음 맥스 풀링을 통해 12×12로 줄였습니다. 그리고 컨볼루션을 통해 다시 8×8로 조금 더 줄이고, 맥스 풀링을 해서 또 4×4로 줄였습니다. 그러므로 플래튼 할 대상 이미지는 4×4 이미지 6장이 됩니다. 16×6=96개의 칼럼이 나타났고, 96개 칼럼으로 84개를 만드는 건 아주 적은 수의 가중치가 필요하겠죠?

실제로 모델을 학습시켜 보면 학습이 빨리 진행되면서도 정확도가 기존 모델보다 떨어지지 않음을 볼 수 있습니다.

```
model.fit(독립, 종속, epochs=10)
```

실행 결과
Epoch 1/10
1875/1875 [==============================] - 11s 4ms/step - loss: 2.0994 - accuracy: 0.7630
Epoch 2/10
1875/1875 [==============================] - 7s 4ms/step - loss: 0.1393 - accuracy: 0.9617
Epoch 3/10
1875/1875 [==============================] - 7s 4ms/step - loss: 0.0999 - accuracy: 0.9710
Epoch 4/10
1875/1875 [==============================] - 7s 4ms/step - loss: 0.0881 - accuracy: 0.9742
Epoch 5/10
1875/1875 [==============================] - 7s 4ms/step - loss: 0.0813 - accuracy: 0.9758
1875/1875 [==============================] - 7s 4ms/step - loss: 0.0754 - accuracy: 0.9785
Epoch 6/10
1875/1875 [==============================] - 7s 4ms/step - loss: 0.0749 - accuracy: 0.9789
Epoch 7/10
1875/1875 [==============================] - 7s 4ms/step - loss: 0.0686 - accuracy: 0.9810
Epoch 8/10
1875/1875 [==============================] - 7s 4ms/step - loss: 0.0684 - accuracy: 0.9808
Epoch 9/10
Epoch 10/10
1875/1875 [==============================] - 7s 4ms/step - loss: 0.0676 - accuracy: 0.9810
<tensorflow.python.keras.callbacks.History at 0x7f741076f160>

이제 여러분은 컨볼루션 뉴럴 네트워크 모델을 전부 알고 계신 것과 다름없습니다.

초반에 봤던 LeNet 모델을 이 다음에 만들어 볼 텐데, 그 모델을 만들 때 본 이미지가 이제는 아주 쉽게 느껴질 것입니다. 수고하셨습니다.

전체 코드

코드 practice4-pooling.ipynb

```python
# 라이브러리 사용
import tensorflow as tf
import pandas as pd

# 데이터를 준비하고
(독립, 종속), _ = tf.keras.datasets.mnist.load_data()
독립 = 독립.reshape(60000, 28, 28, 1)
종속 = pd.get_dummies(종속)
print(독립.shape, 종속.shape)

# 모델을 만들고
X = tf.keras.layers.Input(shape=[28, 28, 1])

H = tf.keras.layers.Conv2D(3, kernel_size=5, activation='swish')(X)
H = tf.keras.layers.MaxPool2D()(H)

H = tf.keras.layers.Conv2D(6, kernel_size=5, activation='swish')(H)
H = tf.keras.layers.MaxPool2D()(H)

H = tf.keras.layers.Flatten()(H)
H = tf.keras.layers.Dense(84, activation='swish')(H)
Y = tf.keras.layers.Dense(10, activation='softmax')(H)
model = tf.keras.models.Model(X, Y)
model.compile(loss='categorical_crossentropy', metrics='accuracy')

# 모델 확인
model.summary()

# 모델을 학습
model.fit(독립, 종속, epochs=10)
```

17장

다섯 번째 딥러닝 완성: LeNet

~~~~~~~

이번 장에서는 LeNet-5 모델을 완성하고,
CIFAR-10 이미지 학습을 진행합니다.

01 | LeNet

https://youtu.be/4QSyxqjXfFY ⏱ 03분 04초

다음 그림은 CNN 모델 중 손글씨 이미지를 학습한 얀 르쿤(Yann André LeCun) 교수의 LeNet-5입니다. 14장에서 잠깐 이 모델을 구경했었는데, 이제 이 모델을 완성할 준비가 끝났습니다.

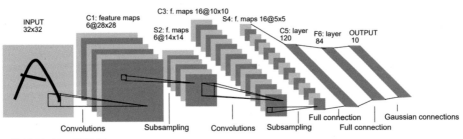

그림 17.1 LeNet-5의 구조

모델 구조를 살펴보겠습니다.

- **INPUT**: 입력으로 (32, 32) 이미지가 사용되었습니다. MNIST는 (28, 28)이었는데, 이 모델의 입력은 크기가 조금 더 큽니다.

- **C1**: 첫 번째 컨볼루션 레이어는 6개의 특징 맵을 만들었습니다. 각 맵은 (28, 28) 사이즈로 되어 있습니다. 이렇게 6개의 특징 맵을 만들려면 6개의 필터를 사용하면 되고, 사이즈가 4만큼 줄었으니 (5, 5) 사이즈로 필터를 만들면 되겠습니다.

- **S2**: 그다음 이미지 개수는 6개 그대로이고 사이즈만 (14, 14)로 줄었습니다. 맥스 풀링을 한 거죠.

- **C3**: 두 번째 컨볼루션 레이어가 나왔습니다. 총 16개의 특징 맵을 만들었고 이미지의 사이즈는 (10, 10)입니다.

- **S4**: 그다음은 맥스 풀링입니다. 이미지의 사이즈가 5, 5로 줄었네요. 이후에는 플래튼을 하여 400개(5×5×16)의 변수로 펼쳤습니다.

- **C5**: 120개의 노드를 가진 히든 레이어를 추가했습니다.

- C6: 84개의 노드를 가진 히든 레이어를 추가했습니다.

- OUTPUT: 마지막으로 10개의 출력을 만들었습니다.

다음은 LeNet을 구성하는 코드입니다.

```
01 # 1. 과거의 데이터를 준비합니다.
02 (독립, 종속), _ = tf.keras.datasets.mnist.load_data()
03 독립 = 독립.reshape(60000, 28, 28, 1)
04 종속 = pd.get_dummies(종속)
05 print(독립.shape, 종속.shape)
06
07 # 2. 모델의 구조를 만듭니다.
08 X = tf.keras.layers.Input(shape=[28, 28, 1])
09 H = tf.keras.layers.Conv2D(6, kernel_size=5, padding='same', activation='swish')(X)
10 H = tf.keras.layers.MaxPool2D()(H)
11 H = tf.keras.layers.Conv2D(16, kernel_size=5, activation='swish')(H)
12 H = tf.keras.layers.MaxPool2D()(H)
13
14 H = tf.keras.layers.Flatten()(H)
15 H = tf.keras.layers.Dense(120, activation='swish')(H)
16 H = tf.keras.layers.Dense(84, activation='swish')(H)
17 Y = tf.keras.layers.Dense(10, activation='softmax')(H)
18 model = tf.keras.models.Model(X, Y)
19 model.compile(loss='categorical_crossentropy', metrics='accuracy')
```

- 9, 11번째 행: 컨볼루션 레이어는 각각 6개의 필터와 16개의 필터를 주었습니다. padding='same'으로 주면 컨볼루션의 결과인 특징 맵의 사이즈가 입력 이미지와 동일한 크기로 출력됩니다. LeNet-5는 32×32를 입력으로 하여 28×28 특징 맵을 출력했는데, 우리는 입력이 28×28이니 처음 컨볼루션에서 입력과 똑같은 사이즈의 특징 맵을 출력하도록 조정했습니다.

- 10, 12번째 행: 각 컨볼루션 레이어 후에는 맥스 풀링으로 이미지 사이즈를 절반으로 줄였습니다.

- 15~16행: 플래튼 이후의 노드 개수는 120, 84로 주었습니다.

완성된 모델의 summary를 확인해보면 컨볼루션 아웃풋의 모양이 같고 풀링 레이어 결과의 모습도 같음을 확인할 수 있습니다. 두 번째 레이어와 두 번째 맥스 풀링 레이어도 같습니다. 플래튼 이후의 히든 레이어도 모두 같습니다.

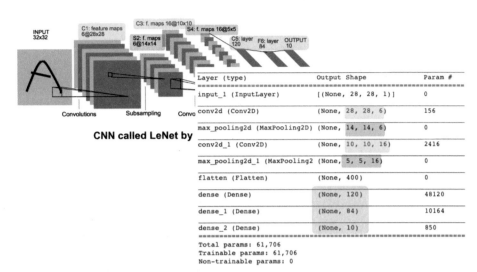

Layer (type)	Output Shape	Param #
input_1 (InputLayer)	[(None, 28, 28, 1)]	0
conv2d (Conv2D)	(None, 28, 28, 6)	156
max_pooling2d (MaxPooling2D)	(None, 14, 14, 6)	0
conv2d_1 (Conv2D)	(None, 10, 10, 16)	2416
max_pooling2d_1 (MaxPooling2	(None, 5, 5, 16)	0
flatten (Flatten)	(None, 400)	0
dense (Dense)	(None, 120)	48120
dense_1 (Dense)	(None, 84)	10164
dense_2 (Dense)	(None, 10)	850

Total params: 61,706
Trainable params: 61,706
Non-trainable params: 0

그림 17.2 LeNet-5 구조와 summary 결과를 비교

자, 어떤가요? CNN 구성하기가 이제 어렵지 않죠?

이제 LeNet-5를 만들러 가보겠습니다.

02 LeNet 실습

▶ https://youtu.be/IuMjcNiQKPs
실습(코랩) https://bit.ly/tf102-p5

⏰ 10분 46초

LeNet-5 모델을 만들어 보는 실습을 시작하겠습니다. 먼저 MNIST 이미지를 가지고 LeNet-5 모델을 만든 후, CIFAR-10 이미지도 학습시켜 보겠습니다.

라이브러리 로딩

텐서플로 라이브러리와 판다스 라이브러리를 로딩합니다.

```
import tensorflow as tf
import pandas as pd
```

MNIST를 사용하는 LeNet 모델

데이터를 준비

데이터를 준비합니다.

```
01 # 데이터를 준비합니다.
02 (독립, 종속), _ = tf.keras.datasets.mnist.load_data()
03 독립 = 독립.reshape(60000, 28, 28, 1)
04 종속 = pd.get_dummies(종속)
05 print(독립.shape, 종속.shape)
```

실행 결과

```
(60000, 28, 28, 1) (60000, 10)
```

- 2번째 행: 독립변수와 종속변수를 준비합니다.

- 3번째 행: 그리고 바로 독립변수를 reshape합니다.

- 4번째 행: 종속변수는 원핫 인코딩합니다.

- 5번째 행: 독립변수와 종속변수의 shape를 확인해 봅니다.

모델 만들기

LeNet-5 모델을 만들겠습니다.

```
01 # 모델을 완성합니다.
02 X = tf.keras.layers.Input(shape=[28, 28, 1])
03
04 H = tf.keras.layers.Conv2D(6, kernel_size=5, padding='same', activation='swish')(X)
05 H = tf.keras.MaxPool2D()(H)
06
07 H = tf.keras.layers.Conv2D(16, kernel_size=5, activation='swish')(H)
08 H = tf.keras.layers.MaxPool2D()(H)
09
10 H = tf.keras.layers.Flatten()(H)
11 H = tf.keras.layers.Dense(120, activation='swish')(H)
12 H = tf.keras.layers.Dense(84, activation='swish')(H)
13 Y = tf.keras.layers.Dense(10, activation='softmax')(H)
14
15 model = tf.keras.models.Model(X, Y)
16 model.compile(loss='categorical_crossentropy', metrics='accuracy')
```

- 2번째 행: 모델을 만들 때 인풋의 shape는 (28, 28, 1)인 것을 익히 알고 있습니다.

- 4번째 행: 첫 번째 컨볼루션 레이어를 만듭니다. 첫 번째 컨볼루션 레이어는 필터 6장을 씁니다. 32에서 28로 4픽셀만큼 줄었으므로 kernel_size는 4+1=5가 됩니다. 활성화 함수(activation)를 'swish'로 지정합니다. padding='same'으로 주면 커널을 무엇으로 하든 입력된 이미지와 똑같은 사이즈의 이미지를 출력합니다. 그러면 28×28 이미지 6장이 생성됩니다.

- 5번째 행: C1에서 출력한 이미지가 S2에서는 14×14로 줄었으므로 맥스 풀링을 해줍니다.

- 7번째 행: C3에서는 이미지가 16장이 됐습니다. 피처 맵이 16장 됐다는 건 16장의 필터를 사용했다는 거죠. 그래서 컨볼루션 레이어에 16장을 씁니다. 이미지가 얼마나 줄었는지 봅시다. 14에서 10으로 4픽셀만큼 줄었으므로 kernel_size=5로 지정합니다. activation='swish'로 동일하게 지정합니다.

- 8번째 행: 그다음에는 16장이 그대로 유지되고 10×10이 5×5로 줄었습니다.

- 10번째 행: 그다음에 덴스 레이어에 일자로 펴서 풀리 커넥티드 레이어를 줬죠. 특징 120개를 찾았습니다. 그래서 테이블 형태의 덴스 레이어를 사용하지 못하고 한 줄로 펴주는 작업을 해야 합니다.

- 11번째 행: 그다음 120개, activation 함수도 마찬가지로 swish입니다.

- 12번째 행: 그다음은 84개입니다.

- 13번째 행: 최종 아웃풋 레이어는 10개, 맨 마지막 activation 함수는 softmax로 주어야 합니다.

- 15~16번째 행: 모델을 완성합니다.

학습

학습을 합니다.

```
model.fit(독립, 종속, epoch=10)
```

실행 결과
Epoch 1/10
1875/1875 [==============================] - 6s 3ms/step - loss: 0.0868 - accuracy: 0.9771
Epoch 2/10
1875/1875 [==============================] - 6s 3ms/step - loss: 0.0723 - accuracy: 0.9821
Epoch 3/10
1875/1875 [==============================] - 7s 4ms/step - loss: 0.0657 - accuracy: 0.9842
Epoch 4/10
1875/1875 [==============================] - 6s 3ms/step - loss: 0.0630 - accuracy: 0.9850
Epoch 5/10
1875/1875 [==============================] - 6s 3ms/step - loss: 0.0619 - accuracy: 0.9861
Epoch 6/10
1875/1875 [==============================] - 6s 3ms/step - loss: 0.0642 - accuracy: 0.9868
Epoch 7/10
1875/1875 [==============================] - 6s 3ms/step - loss: 0.0634 - accuracy: 0.9870
Epoch 8/10
1875/1875 [==============================] - 7s 4ms/step - loss: 0.0618 - accuracy: 0.9873
Epoch 9/10
1875/1875 [==============================] - 6s 3ms/step - loss: 0.0649 - accuracy: 0.9873
Epoch 10/10
1875/1875 [==============================] - 6s 3ms/step - loss: 0.0644 - accuracy: 0.9877
<tensorflow.python.keras.callbacks.History at 0x7fa8901ea1d0>

```
model.summary()
```

실행 결과

```
Model: "model"

_____

Layer (type)                   Output Shape            Param #
===================================================================

input_1 (InputLayer)           [(None, 28, 28, 1)]     0

_____

conv2d (Conv2D)                (None, 28, 28, 6)       156

_____

max_pooling2d (MaxPooling2D)   (None, 14, 14, 6)       0

_____

conv2d_1 (Conv2D)              (None, 10, 10, 16)      2416

_____

max_pooling2d_1 (MaxPooling2    (None, 5, 5, 16)        0

_____

flatten (Flatten)              (None, 400)             0

_____

dense (Dense)                  (None, 120)             48120

_____

dense_1 (Dense)                (None, 84)              10164

_____

dense_2 (Dense)                (None, 10)              850

===================================================================

Total params: 61,706
Trainable params: 61,706
Non-trainable params: 0

_____
```

LeNet으로 CIFAR-10을 학습

이번에는 CIFAR-10 데이터셋으로 변경해서 학습을 시켜보겠습니다.

데이터를 준비

```
01 # 데이터를 준비합니다.
02 (독립, 종속), _ = tf.keras.datasets.cifar10.load_data()
03 print(독립.shape, 종속.shape)
04
05 종속 = pd.get_dummies(종속.reshape(50000))
06 print(독립.shape, 종속.shape)
```

```
(50000, 32, 32, 3) (50000, 1)
(50000, 32, 32, 3) (50000, 10)
```

- 2번째 행: CIFAR-10 데이터셋을 로딩해 독립변수와 종속변수를 준비합니다.

- 3번째 행: shape를 출력합니다. MNIST의 독립변수는 (28, 28, 1)이었는데 shape를 출력해 보면 독립 변수는 (32, 32, 3) 4차원으로 돼 있으므로 그냥 사용하면 됩니다. 종속변수는 (50000, 1)로 돼 있습니다.

- 5번째 행: 종속변수를 원핫 인코딩합니다. 이때 주의할 점으로, 종속 = pd.get_dummies(종속)이라고 하면 2차원 형태를 get_dummies()로 변환하지 못해서 오류가 발생합니다. MNIST는 1차원 형태라서 원핫 인코딩을 할 수 있었습니다. 그래서 CIFAR-10을 1차원 형태로 바꿔서 원핫 인코딩 했습니다.

원하는 형태가 되면 이제 모델을 만들 수 있겠죠?

모델 만들기

앞에서 MNIST에 맞춰 만들어 놓은 LeNet을 복사해온 뒤, CIFAR-10에 사용하기 위해 코드를 수정하겠습니다.

```
01 # 모델을 완성합니다.
02 X = tf.keras.layers.Input(shape=[32, 32, 3])
03
04 H = tf.keras.layers.Conv2D(6, kernel_size=5, activation='swish')(X)
05 H = tf.keras.MaxPool2D()(H)
06
07 H = tf.keras.layers.Conv2D(16, kernel_size=5, activation='swish')(H)
```

```
08 H = tf.keras.layers.MaxPool2D()(H)
09
10 H = tf.keras.layers.Flatten()(H)
11 H = tf.keras.layers.Dense(84, activation='swish')(H)
12 Y = tf.keras.layers.Dense(10, activation='softmax')(H)
13
14 model = tf.keras.models.Model(X, Y)
15 model.compile(loss='categorical_crossentropy', metrics='accuracy')
```

- 2번째 행: 입력 레이어의 shape를 [32, 32, 3]으로 바꿔 줍니다.

- 4번째 행: 첫 번째 컨볼루션 레이어에서 padding='same'을 삭제합니다.

나머지 코드는 앞에서와 같습니다. 그 뒤는 절반으로 줄이고, 다시 16개의 필터를 쓰고, 그다음에 또 절반으로 줄이고, 그다음에 플래튼해서 모델을 만들면 됩니다. 이대로 학습이 되는 겁니다.

학습

이번에는 CIFAR-10에서 얻은 독립변수와 종속변수로 학습합니다. 횟수는 10번으로 하겠습니다. 데이터셋이 좀 더 어려워서 학습이 잘 되지 않을 것입니다.

```
model.fit(독립, 종속, epoch=10)
```

실행 결과
Epoch 1/10
1563/1563 [==============================] - 7s 4ms/step - loss: 3.1978 - accuracy: 0.1021
Epoch 2/10
1563/1563 [==============================] - 6s 4ms/step - loss: 2.2876 - accuracy: 0.1171
Epoch 3/10
1563/1563 [==============================] - 6s 4ms/step - loss: 1.8183 - accuracy: 0.3231
Epoch 4/10
1563/1563 [==============================] - 6s 4ms/step - loss: 1.6303 - accuracy: 0.4111
Epoch 5/10
1563/1563 [==============================] - 6s 4ms/step - loss: 1.5285 - accuracy: 0.4540
Epoch 6/10
1563/1563 [==============================] - 6s 4ms/step - loss: 1.4621 - accuracy: 0.4844

```
Epoch 7/10
1563/1563 [==============================] - 6s 4ms/step - loss: 1.4435 - accuracy: 0.4922
Epoch 8/10
1563/1563 [==============================] - 6s 4ms/step - loss: 1.4173 - accuracy: 0.5048
Epoch 9/10
1563/1563 [==============================] - 6s 4ms/step - loss: 1.4003 - accuracy: 0.5116
Epoch 10/10
1563/1563 [==============================] - 6s 4ms/step - loss: 1.3857 - accuracy: 0.5209
<tensorflow.python.keras.callbacks.History at 0x7fa890032898>
```

지금은 10번 학습에 50% 정도까지 학습했습니다. 좀 더 시간을 들이면 학습이 될 수 있지만 학습이 된다는 걸 확인했으니 이 정도에서 마치겠습니다. summary()를 해서 모델의 모양을 확인해 보겠습니다.[1]

```
model.summary()
```

실행 결과		
Model: "model_1"		
Layer (type)	Output Shape	Param #
input_2 (InputLayer)	[(None, 32, 32, 3)]	0
conv2d_2 (Conv2D)	(None, 28, 28, 6)	456
max_pooling2d_2 (MaxPooling2	(None, 14, 14, 6)	0
conv2d_3 (Conv2D)	(None, 10, 10, 16)	2416
max_pooling2d_3 (MaxPooling2	(None, 5, 5, 16)	0
flatten_1 (Flatten)	(None, 400)	0
dense_3 (Dense)	(None, 120)	48120

---

1 (엮은이) summary 결과의 레이어 이름(예: input_2)에 붙은 숫자는 자동으로 매겨지는 것으로, 강의 영상에서 보이는 실행 결과와 차이가 있습니다.

```
dense_4 (Dense)                 (None, 84)                10164
_____
dense_5 (Dense)                 (None, 10)                850
================================================================
Total params: 62,006
Trainable params: 62,006
Non-trainable params: 0
_____
```

인풋 레이어(input_2)로부터 (32, 32, 3)을 입력받아서 첫 번째 컨볼루션 레이어(conv2d_2)가 끝난 뒤에 (28, 28, 6)으로, 그리고 맥스 풀링(max_pooling2d_2)을 해서 (14, 14, 6)으로 바꿔줬습니다.

그다음(conv2d_3)에 다시 필터 16장을 가지고 특징 맵을 만들었습니다.

그다음(max_pooling2d_3)에 (5, 5)로 사이즈를 절반으로 줄였습니다.

플래튼 레이어(flatten_1)에서 5×5×16=400개의 픽셀이 나오고, 덴스 레이어(dense_3)에서 120개로, 84개(dense_4), 마지막에(dense_5) 10개의 아웃풋을 출력하는 모델을 완성했습니다.

총 개수는 6만 개 정도가 되겠네요.

정리

LeNet 5 모델을 완성해서 CIFAR-10 이미지를 분류해보았습니다. 수고하셨습니다.

전체 코드

```python
# 라이브러리 사용
import tensorflow as tf
import pandas as pd

### MNIST

# 데이터를 준비합니다.
(독립, 종속), _ = tf.keras.datasets.mnist.load_data()
독립 = 독립.reshape(60000, 28, 28, 1)
종속 = pd.get_dummies(종속)
print(독립.shape, 종속.shape)

# 모델을 완성합니다.
X = tf.keras.layers.Input(shape=[28, 28, 1])

H = tf.keras.layers.Conv2D(6, kernel_size=5, padding='same', activation='swish')(X)
H = tf.keras.layers.MaxPool2D()(H)

H = tf.keras.layers.Conv2D(16, kernel_size=5, activation='swish')(H)
H = tf.keras.layers.MaxPool2D()(H)

H = tf.keras.layers.Flatten()(H)
H = tf.keras.layers.Dense(120, activation='swish')(H)
H = tf.keras.layers.Dense(84, activation='swish')(H)
Y = tf.keras.layers.Dense(10, activation='softmax')(H)

model = tf.keras.models.Model(X, Y)
model.compile(loss='categorical_crossentropy', metrics='accuracy')

model.fit(독립, 종속, epochs=10)

model.summary()

### CIFAR-10
```

```python
# 데이터를 준비합니다.
(독립, 종속), _ = tf.keras.datasets.cifar10.load_data()
종속 = pd.get_dummies(종속.reshape(50000))
print(독립.shape, 종속.shape)

# 모델을 완성합니다.
X = tf.keras.layers.Input(shape=[32, 32, 3])

H = tf.keras.layers.Conv2D(6, kernel_size=5, activation='swish')(X)
H = tf.keras.layers.MaxPool2D()(H)

H = tf.keras.layers.Conv2D(16, kernel_size=5, activation='swish')(H)
H = tf.keras.layers.MaxPool2D()(H)

H = tf.keras.layers.Flatten()(H)
H = tf.keras.layers.Dense(120, activation='swish')(H)
H = tf.keras.layers.Dense(84, activation='swish')(H)
Y = tf.keras.layers.Dense(10, activation='softmax')(H)

model = tf.keras.models.Model(X, Y)
model.compile(loss='categorical_crossentropy', metrics='accuracy')

model.fit(독립, 종속, epochs=10)

model.summary()
```

18장

내 이미지 사용하기

직접 모은 이미지로
분류 모델을 만드는 법을 알아봅니다.

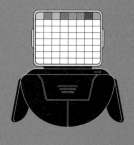

01 | 내 이미지 사용하기

▶ https://youtu.be/4bBsjHYeh_Q   ⏱ 03분 01초

여러분이 열심히 이미지를 모았고, 그 이미지들로 분류하는 모델을 만들고 싶다고 합시다. 어떻게 하면 될까요?

먼저 이미지 데이터를 구성하는 방법을 알고, 프로그램으로 이미지 데이터를 읽어 들이는 코드의 사용법을 알고, 읽어 들인 데이터의 형태를 알 수 있다면 우리가 가진 이미지를 사용할 수 있을 겁니다.

notMNIST 이미지셋

이번에 사용해 볼 데이터는 notMNIST라는 이미지셋입니다. MNIST는 숫자 이미지였는데 notMNIST에는 A부터 J까지 총 10가지 알파벳을 나타내는 이미지들이 있습니다.

그림 18.1 notMNIST 데이터셋의 알파벳

코랩에서 notMNIST 데이터셋을 다운로드하고 압축을 푸는 코드는 다음과 같습니다.

```
!wget -q https://raw.githubusercontent.com/blackdew/tensorflow1/master/csv/notMNIST_small.tar.gz
!tar -xzf notMNIST_small.tar.gz
```

압축을 풀면 폴더가 다음 그림과 같이 구성되어 있습니다. 알파벳 A를 나타낸 이미지는 'A'라
는 폴더에 모으고, B를 나타낸 이미지는 'B'라는 폴더에 모은 것이죠. 우리가 평상시 이미지
를 정리하는 방식(강아지 사진을 '강아지' 폴더에, 고양이 사진을 '고양이' 폴더에 모으는 것)
과 같습니다.

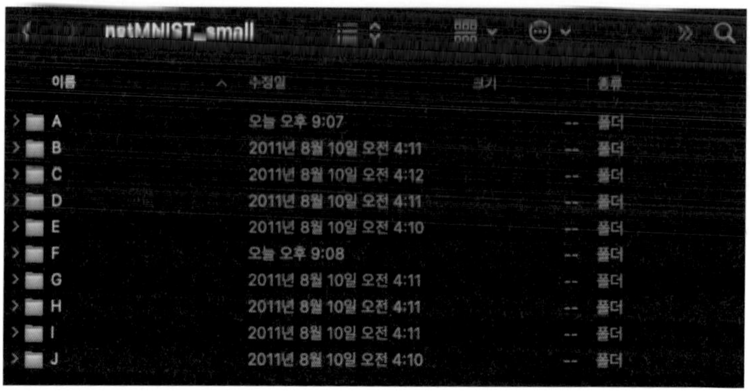

그림 18.2 notMNIST_small 폴더

이미지 데이터를 읽어들이기

코드를 살펴보기 전에 한 가지 조언을 드리자면, 지금은 코드를 '완제품'으로 바라보고 내 이
미지를 읽어 들이기 위해 코드를 사용하는 방법만 익히면 되니까, 코드를 잘 모르겠다고 너무
좌절할 필요는 없습니다.

이 코드를 이용할 때 중요하게 생각해야 할 부분은 바로 파일 경로를 정확히 넣는 것입니다.
지금은 notMNIST_small 폴더의 하위 폴더(A, B, C, …)에 있는 파일 중 확장자가 png인 이미
지 파일을 읽어 들이게 됩니다.

```
paths = glob.glob('./notMNIST_small/*/*.png')
paths = np.random.permutation(paths)
독립 = np.array([plt.imread(paths[i]) for i in range(len(paths))])
종속 = np.array([paths[i].split('/')[-2] for i in range(len(paths))])
```

이 코드를 통해 읽어 들인 독립변수와 종속변수의 shape를 출력해보면 우리가 익히 알고 있는 형태로 읽어 들였음을 알 수 있습니다. 바로 (28, 28) 형태의 흑백 이미지라는 거죠. 컬러 이미지였다면 3차원 (28, 28, 3) 형태의 3자원으로 이미지를 읽어 들였을 것입니다.

```
print(독립.shape, 종속.shape)
```

```
(18724, 28, 28) (18724, )
```

그런데 한 가지 함정이 있습니다. 사람에 따라 갖고 있는 이미지 파일 크기가 다를 것이고, 같은 사람이 가진 이미지라 하더라도 크기가 제각각이라는 것입니다. 이처럼 다른 사이즈의 이미지들을 코드로 직접 통일하기는 조금 어렵습니다.

그렇다고 좌절할 필요는 없습니다. 프로그래밍을 익혀서 그 코드를 직접 작성하셔도 좋지만, 그걸 몰라도 여러 가지 이미지 편집 도구들이 있습니다. 이미지 편집 도구의 리사이즈 기능을 이용해서 직접 이미지 사이즈를 통일시켜주면 되겠죠. 그렇게 해주면 이미지를 사용할 수 있습니다.

실습을 하면서 이 코드를 사용해보겠습니다.

02 내 이미지 사용하기 실습

이미지 다운로드와 압축 풀기

내 이미지를 사용하려면 이미지가 있어야 하는데, 보통은 가지고 있는 이미지가 없죠? 그래서 샘플로 사용해볼 수 있는 이미지를 다운로드해서 압축을 해제하고 폴더를 구성해서 분류해 보려고 합니다.

다음 두 줄을 실행하면 notMNIST_small.tar.gz 파일을 다운로드하고 압축을 해제합니다. 즉, 압축 파일을 받아서 압축을 해제한 폴더가 생성됩니다.

```
!wget -q https://raw.githubusercontent.com/blackdew/tensorflow1/master/csv/notMNIST_small.tar.gz
!tar -xzf notMNIST_small.tar.gz
```

📄 **윈도우에서 파일 다운로드 및 압축 풀기**

코랩을 사용하지 않고 윈도우에 파이썬을 설치해 실습할 때는 wget과 tar 명령을 실행하면 오류가 발생합니다. 이때는 다음의 파이썬 코드를 실행하면 같은 일을 할 수 있습니다.

```
import urllib.request
url = 'https://raw.githubusercontent.com/blackdew/tensorflow1/master/csv/notMNIST_small.tar.gz'
filename = 'notMNIST_small.tar.gz'
urllib.request.urlretrieve(url, filename)

import tarfile
tar = tarfile.open(filename, "r:gz")
tar.extractall()
tar.close()
```

notMNIST_small 폴더에 A부터 J까지의 하위 폴더가 있고, 각 폴더에 이미지가 들어 있습니다. 이미지들을 분류로 묶어서 폴더별로 구성하면 데이터를 활용할 수 있게 됩니다.

그림 18.3 코랩에 notMNIST_small 폴더가 생성

이미지 데이터셋을 읽어 들이기

코드를 일단 실행해보겠습니다. 파이썬을 잘 다루는 분들은 그리 어렵지 않게 코드를 읽으실 수 있겠지만, 파이썬에 익숙하지 않은 분들은 아마 많이 어려울 겁니다. 그래서 코드를 사용할 수 있는 방법만 알려드리겠습니다.

```
01 # 이미지 읽어서 데이터 준비하기
02 import glob
03 import numpy as np
04 import pandas as pd
05 import matplotlib.pyplot as plt
06
07 paths = glob.glob('./notMNIST_small/*/*.png')
08 paths = np.random.permutation(paths)
09 독립 = np.array([plt.imread(paths[i]) for i in range(len(paths))])
10 종속 = np.array([paths[i].split('/')[-2] for i in range(len(paths))])
11 print(독립.shape, 종속.shape)
```

```
(18724, 28, 28) (18724, )
```

코드를 실행하니 앞에서 많이 본 모양이 나왔습니다. MNIST 데이터에는 6만 개의 이미지가 있었는데, 지금은 18,724개의 이미지가 있습니다. 정답셋에도 1차원 형태로 18,724개가 들어 있습니다.

여기서는 흑백이어서 3차원 배열로 받아들이지만 컬러 이미지셋으로 데이터를 구성했다면 4차원 형태이므로 3이란 숫자가 추가로 붙게 됩니다. 자동으로 그렇게 읽어 들이니까 그대로 활용하시면 될 것 같습니다.

이 이미지를 가지고 모델에 적용하는 건 어렵지 않겠죠?

독립변수와 종속변수를 변형

모델을 가져와서 뉴럴 네트워크에 적용하려면 이미지가 4차원 형태여야 합니다. 따라서 독립변수의 모양을 (18724, 28, 28, 1)로 바꾸고 종속변수는 원핫 인코딩합니다. 그리고 **독립.shape**와 **종속.shape**를 확인합니다.

```
독립 = 독립.reshape(18724, 28, 28, 1)
종속 = pd.get_dummies(종속)
print(독립.shape, 종속.shape)
```

```
(18724, 28, 28, 1) (18724, 10)
```

이렇게 데이터의 형태를 변형하면 17장에서 만든 LeNet 모델에 학습시킬 수 있게 됩니다.

모델 학습

```
import tensorflow as tf

# 모델을 완성합니다.
X = tf.keras.layers.Input(shape=[28, 28, 1])
```

```
H = tf.keras.layers.Conv2D(6, kernel_size=5, padding='same', activation='swish')(X)
H = tf.keras.layers.MaxPool2D()(H)


H = tf.keras.layers.Conv2D(16, kernel_size=5, activation='swish')(H)
H = tf.keras.layers.MaxPool2D()(H)


H = tf.keras.layers.Flatten()(H)
H = tf.keras.layers.Dense(120, activation='swish')(H)
H = tf.keras.layers.Dense(84, activation='swish')(H)
Y = tf.keras.layers.Dense(10, activation='softmax')(H)

model = tf.keras.models.Model(X, Y)
model.compile(loss='categorical_crossentropy', metrics='accuracy')

model.fit(독립, 종속, epochs=10)
```

보충 설명

이미지를 읽어서 데이터를 준비하는 코드를 추가로 설명하겠습니다.

```
01 # 이미지 읽어서 데이터 준비하기
02 import glob
03 import numpy as np
04 import pandas as pd
05 import matplotlib.pyplot as plt
06
07 paths = glob.glob('./notMNIST_small/*/*.png')
08 paths = np.random.permutation(paths)
09 독립 = np.array([plt.imread(paths[i]) for i in range(len(paths))])
10 종속 = np.array([paths[i].split('/')[-2] for i in range(len(paths))])
11 print(독립.shape, 종속.shape)
```

- 7행: glob.glob은 경로명을 가져옵니다. 여기서는 notMNIST_small 폴더의 하위 폴더에 있는 png 이미지 파일들의 경로를 모두 가져오게 됩니다.

  개/고양이를 분류하고 싶다면 dogscats라는 폴더 밑에 만들면 되고, 아이돌 사진을 분류하고 싶다면 idols 안에다가 어떤 사람의 이미지 안에 이미지들을 모으면 됩니다. png 형식이 아니라 jpg 형식의 파일들이 많이 있다면 확장자명을 jpg로 바꾸면 되겠죠. 여러 가지 형식의 이미지 파일들을 같이 사용하고 싶다면 공부를 좀 더 해보시기 바랍니다.

- 8번째 행: 경로들을 랜덤하게 섞어줍니다.

- 9번째 행: 파일 경로에 가서 이미지를 읽어 들입니다. 실행하면 각 경로의 이미지가 (28, 28) 형태로 독립변수에 담깁니다.

- 10번째 행: 플디명이 바로 정답(이미지가 나타내는 알파벳)입니다. 그러므로 그 값이 종속변수가 됩니다.

종속변수를 출력

값을 출력해보겠습니다.

종속변수의 0번째에는 'E'라는 정답이 있습니다.[1]

종속[0]

실행 결과
'E'

종속변수 10개를 출력해보겠습니다.

종속[0:10]

실행 결과
array(['E', 'D', 'E', 'C', 'D', 'J', 'E', 'C', 'I', 'H'], dtype='<U1')

독립변수를 출력

독립변수에는 알파벳 이미지가 들어 있습니다. imshow를 사용해서 독립변수의 0번 값을 읽어 들여서 cmap='gray'로 주고 출력하면 알파벳 E의 이미지를 볼 수 있습니다.

---

1 (엮은이) 앞에서 paths = np.random.permutation(paths)로 순서가 무작위로 바뀌었으므로 직접 실습해보면 결과가 다르게 나옵니다. 독립변수도 마찬가지입니다.

```
plt.imshow(독립[0], cmap='gray')
```

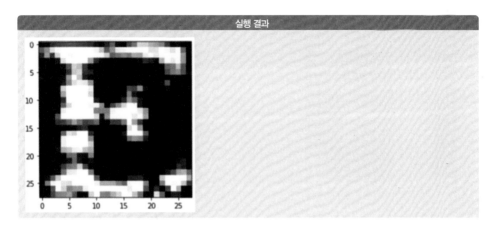

1번에는 알파벳 D의 이미지가 있을 것입니다.

```
plt.imshow(독립[1], cmap='gray')
```

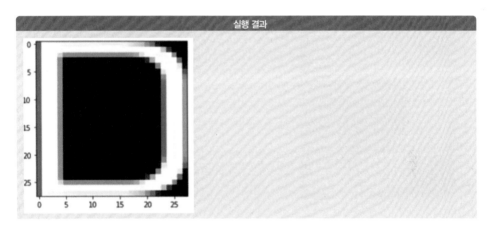

그다음에는 E가 있고,

```
plt.imshow(독립[2], cmap='gray')
```

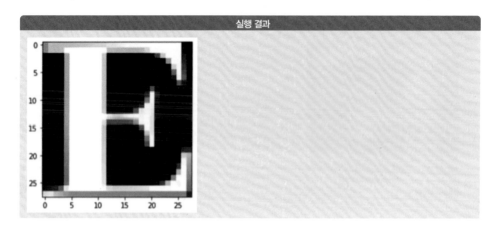

그다음에는 C가 있겠죠.

```
plt.imshow(독립[3], cmap='gray')
```

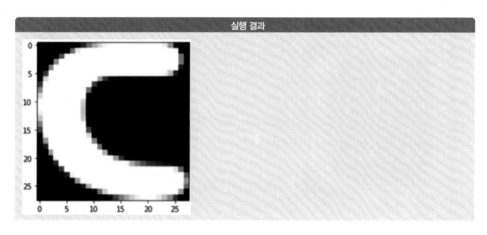

이렇게 이미지들이 들어 있는 것을 확인할 수 있습니다.

이 코드를 잘 활용해서 이미지들을 분류해 보시길 바랍니다. 수고하셨습니다.

전체 코드

```
!wget -q https://raw.githubusercontent.com/blackdew/tensorflow1/master/csv/
notMNIST_small.tar.gz
!tar -xzf notMNIST_small.tar.gz


# 이미지 읽어서 데이터 준비하기
import glob
import numpy as np
import pandas as pd
import matplotlib.pyplot as plt


paths = glob.glob('./notMNIST_small/*/*.png')
paths = np.random.permutation(paths)
독립 = np.array([plt.imread(paths[i]) for i in range(len(paths))])
종속 = np.array([paths[i].split('/')[-2] for i in range(len(paths))])
print(독립.shape, 종속.shape)


종속[0:10]


plt.imshow(독립[3], cmap='gray')


독립 = 독립.reshape(18724, 28, 28, 1)
종속 = pd.get_dummies(종속)
print(독립.shape, 종속.shape)


import tensorflow as tf


# 모델을 완성합니다.
X = tf.keras.layers.Input(shape=[28, 28, 1])

H = tf.keras.layers.Conv2D(6, kernel_size=5, padding='same', activation='swish')(X)
H = tf.keras.layers.MaxPool2D()(H)


H = tf.keras.layers.Conv2D(16, kernel_size=5, activation='swish')(H)
H = tf.keras.layers.MaxPool2D()(H)
```

```python
H = tf.keras.layers.Flatten()(H)
H = tf.keras.layers.Dense(120, activation='swish')(H)
H = tf.keras.layers.Dense(84, activation='swish')(H)
Y = tf.keras.layers.Dense(10, activation='softmax')(H)

model = tf.keras.models.Model(X, Y)
model.compile(loss='categorical_crossentropy', metrics='accuracy')

model.fit(독립, 종속, epochs=10)
```

19장

2부 정리

이 수업의 핵심은 쉬운 코드를 경험해 보면서 딥러닝의 원리를 이해하고 데이터에 대한 이해를 높이는 것이었습니다.

03분 12초

https://youtu.be/

l7JN4fxeJdI

차원

데이터를 '차원'이라는 용어를 통해 이해하는 방법을 배웠습니다. 여러분은 차원이라는 개념으로 이미지 데이터를 읽을 수 있게 되었습니다.

차원

표의 열 vs 포함 관계

- 데이터 공간의 맥락
  차원수 = 변수의 개수

- 데이터 형태의 맥락
  차원수 = 배열의 깊이

그림 19.1 맥락에 따른 차원의 의미

특징 자동 추출기

딥러닝 구조의 특징 자동 추출기라는 별명에 대해서도 알게 되었습니다. 기본적인 딥러닝 모델은 웨이트를 학습하고 최적의 특징을 만들어 냈습니다. CNN 구조의 딥러닝 모델은 필터를 학습해서 최적의 특징 맵을 만든다는 걸 알게 되었습니다.

"특징 자동 추출기"

- **기본 딥러닝 모델:** weight를 학습해서 최적의 특징을 만든다.
- **CNN 구조 딥러닝 모델:** filter를 학습해서 최적의 특징맵을 만든다.

그림 19.2 특징 자동 추출기

LeNet

강의 초반에 보여드렸던 LeNet의 모델입니다. 이제 그리 어렵지 않게 코드가 떠올려지시죠?

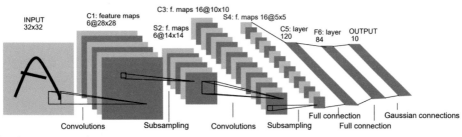

그림 19.3 LeNet-5의 구조

여러분은 이 공부를 통해 많은 것을 배우신 겁니다. 이 정도면 충분히 CNN 모델을 경험하신 거라는 생각이 듭니다. 어쩌면 여러 가지 질문과 더 많은 걸 배우고 싶다는 욕구가 꿈틀대실 수도 있겠습니다.

또한 코드 사용에 있어서도 약간 불만족스러운 면이 있으실 것 같습니다. 그 욕구를 자극했다면 저는 아주 뿌듯할 것 같습니다.

다만 이번 수업이 끝나면 더 많은 지식을 쌓으려는 욕구는 잠시 보류하고, 여기서 배운 CNN 모델로 다른 이미지들을 가지고 이미지 분류하는 경험을 먼저 해보시기 바랍니다. 반복을 통해 경험이 충분히 쌓이면 여러분은 배운 내용을 더 깊이 이해할 수 있게 될 테고, 자신이 알고 있는 것과 모르고 있는 것에 대해 더 선명하게 알 수 있게 될 것입니다.

여기까지입니다. 딥러닝의 또 하나의 정상, 이미지 분류 딥러닝 모델의 핵심인 컨볼루션 뉴럴 네트워크 모델의 정상에 서셨습니다.

딥러닝의 정상

다음은 설악산을 찍은 사진인데요, 정상에 서는 느낌을 드리고자 넣어봤습니다.

그림 19.4 설악산

한편 산을 멀리서 바라보는 걸 즐기는 사람의 설악산, 여러 산을 등산하며 즐기는 사람의 설악산, 산을 그려내는 화가의 설악산, 엄홍길 대장처럼 산을 정복하는 탐험가로서의 설악산, 그리고 그 산에서 살아가는 사람의 설악산 등등 100명의 사람이 각자 자신이 경험한 설악산을 설명한다고 하면 모두 다른 설악산을 얘기하게 되겠죠? 이 수업에서는 제가 알고 있는 가장 쉽다고 생각하는 딥러닝이라는 등산로를 여러분께 소개했고, 여러분은 저와 함께 그 등산로로 딥러닝 정상에 오른 것입니다.

축하합니다!

여러분이 제대로 딥러닝을 경험하는 것은 이제부터 시작입니다. 여러분만의 기회를 민들어 경험해 보시고 저와는 또 나른 길을 개척해서 다른 딥러닝 강의도 들어보면서 딥러닝에 대한 경험을 늘려 가시길 바랍니다.

CNN 딥러닝 모델을 만나는 짧지 않은 여정에 함께해 주셔서 감사합니다. 끝까지 완주해서 정상에 서신 것을 진심으로 축하드립니다!

그림 19.5 축하드립니다!